管·理·落·地·笔·记·系·列

班组管理

极简落地工作图解

时代华商企业管理培训中心
组织编写

Minimalist Landing
Work Diagram

化学工业出版社
·北京·

内容简介

《班组管理极简落地工作图解》是一本专为班组长量身打造的实用指南，旨在通过简明扼要的方式，为班组长提供一套高效、实用的工作方法和工具。

本书内容全面，覆盖班组管理的各个方面，从班组管理概述到班组团队管理、生产现场管理、生产物料控制、生产交期管理、生产质量管理、生产安全管理，到班组成本控制，深入浅出，直击管理要点。

本书特色鲜明，采用极简风格，聚焦核心知识点；实战导向，结合丰富案例与经验分享，让学习更贴近实际；系统全面，构建完整管理体系；易于落地，方法和工具实用性强，可直接应用于工作。

通过本书的学习，班组长将显著提升管理能力与工作效率，促进班组整体绩效提升，加强内部沟通协调与团队合作，营造积极工作氛围。同时，本书还将推动企业基层管理的规范化和标准化，助力企业整体竞争力的提升。

图书在版编目（CIP）数据

班组管理极简落地工作图解 ／ 时代华商企业管理培训中心组织编写 . -- 北京 ：化学工业出版社，2025. 6.
（管理落地笔记系列）. -- ISBN 978-7-122-47985-3

Ⅰ. F406.6-64

中国国家版本馆 CIP 数据核字第 20258Y9R07 号

责任编辑：陈　蕾	装帧设计：溢思视觉设计／程超 E-mail: isstudio@126.com
责任校对：边　涛	

出版发行：化学工业出版社（北京市东城区青年湖南街13号　邮政编码100011）
印　　装：三河市双峰印刷装订有限公司
787mm×1092mm　1/16　印张8　字数151千字　　2025年7月北京第1版第1次印刷

购书咨询：010-64518888　　　　　　　售后服务：010-64518899
网　　址：http://www.cip.com.cn
凡购买本书，如有缺损质量问题，本社销售中心负责调换。

定　　价：68.00元

前　言

班组是企业最基本的生产和管理单元，是连接企业与员工的桥梁和纽带。班组长作为班组的负责人，不仅是上级任务的执行者，更是班组日常工作的组织者和协调者。他们的管理能力和工作态度直接影响班组的士气和工作效率。因此，培养一支高素质的班组长队伍，对于提升企业的核心竞争力，具有重要意义。

《班组管理极简落地工作图解》一书旨在为班组长提供一套实用、高效的工作方法和工具，包括班组管理概述、班组团队管理、生产现场管理、生产物料控制、生产交期管理、生产质量管理、生产安全管理、班组成本控制等内容。

本书的特色与亮点：

◇极简风格：采用极简主义风格，去除冗余内容，只保留最核心、最实用的班组管理知识和技巧，方便班组长快速阅读和学习。

◇实战导向：内容紧密结合班组工作的实际情况，通过丰富的实践案例和经验分享，帮助班组长更好地理解和运用班组管理知识。

◇系统全面：覆盖了班组工作的各个方面，为班组长人员构建一套完整的工作体系。

◇易于落地：书中的方法和工具具有很强的实用性和可操作性，班组长可以直接将其应用于实际工作中。

本书的编写目的：第一，提升班组长的管理能力，促进班组整体绩效的提升；第二，加强班组内部的沟通和协作，营造积极向上的工作氛围；第三，推动企业基层管理的规范化和标准化进程，提升企业的整体竞争力。

总之，本书是一本专为班组长量身打造的实用指南，旨在帮助班组长快速掌握管理精髓，实现高效、简洁的工作方式。我们相信，通过本书的学习和实践，班组长可以在自己的岗位上发光发热，为企业的发展贡献更大的力量。

编　者

目 录

导读一 班组管理提升课程安排

第一章 班组管理概述

☐ 班组在企业中的地位
☐ 企业班组管理的要点

时间安排：

第二章 班组团队管理

☐ 班组成员配备
☐ 班组培训管理
☐ 夜班员工管理
☐ 现场沟通管理

时间安排：

第三章 生产现场管理

☐ 召开班前会议
☐ 生产过程控制
☐ 现场员工调配
☐ 现场5S管理

时间安排：

第四章 生产物料控制

☐ 物料领用管理
☐ 物料使用管理
☐ 现场物料控制

时间安排：

第五章 生产交期管理

☐ 交期管理要求
☐ 交期管理措施
☐ 交期管理细节

时间安排：

第六章 生产质量管理

☐ 质量管理要求
☐ 质量管理措施
☐ 质量管理细节

时间安排：

第七章　生产安全管理

- ☐ 安全管理要求
- ☐ 安全管理措施
- ☐ 安全管理细节

时间安排：

第八章　班组成本控制

- ☐ 成本控制要求
- ☐ 成本控制措施

时间安排：

说明：以上PPT图片文档可帮读者检测自学效果，培训老师也可将其作为课件使用。

导读二 班组管理学习指南

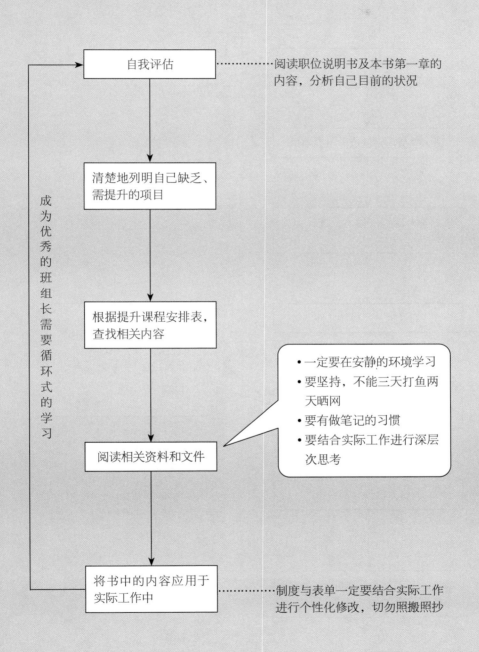

自我评估 ·············· 阅读职位说明书及本书第一章的内容，分析自己目前的状况

清楚地列明自己缺乏、需提升的项目

根据提升课程安排表，查找相关内容

阅读相关资料和文件

- 一定要在安静的环境学习
- 要坚持，不能三天打鱼两天晒网
- 要有做笔记的习惯
- 要结合实际工作进行深层次思考

将书中的内容应用于实际工作中 ·············· 制度与表单一定要结合实际工作进行个性化修改，切勿照搬照抄

成为优秀的班组长需要循环式的学习

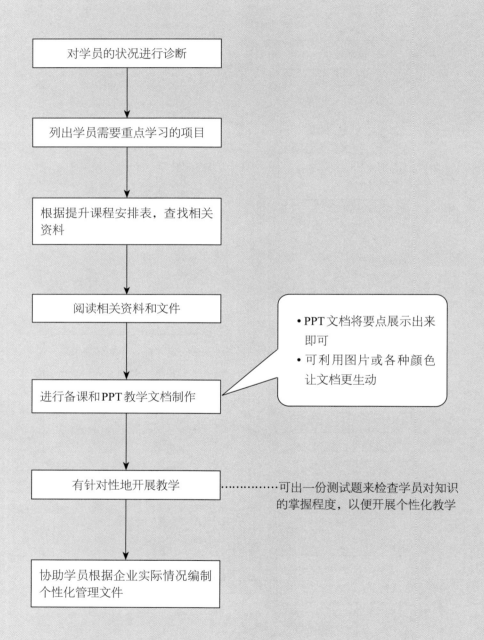

第一章

班组管理概述

第一节　班组在企业中的地位

一、班组的概念

班组是企业生产经营的基本作业单位，是企业内部的基层组织。现代企业的管理结构一般是三角形的，分为三层（如图 1-1 所示），即决策层（高层）、执行层（中层）、操作层（基层）。高层负责"动脑"，中层负责"动口"，基层负责"动手"。

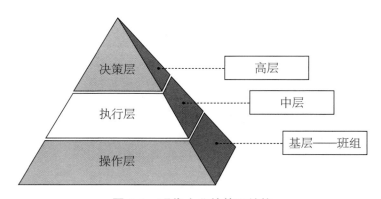

图 1-1　现代企业的管理结构

二、班组的特点

班组通常具有以下特点。

（1）规模小、结构简单：班组作为企业的最基层单位，规模小，成员少，结构简单，通常由"一长五员"组成。

（2）管理全面：既要做好班组的管理和思想教育工作，又要按质、按量、按时完成生产任务。

（3）工作细致：班组工作非常具体，一般是一人一岗、一事一议。

（4）任务重：班组处于安全生产的第一线，企业所有的管理活动最终都要落实到班组。

（5）集体性强：班组工作是一项集体性很强的活动，班组长需要团结全体员工，利用大家的智慧和力量更好地完成工作任务。

三、班组的基本任务

班组管理就是对班组活动的全过程进行管理。班组的基本任务如表 1-1 所示。

表 1-1　班组的基本任务

序号	基本任务	任务说明
1	提供优质产品或服务	不论是生产班组，还是服务班组，都必须牢固树立"质量第一，服务用户"的思想，做到上道工序为下道工序服务、生产为用户服务，提供高品质的产品或服务
2	全面完成生产任务	班组应努力完成车间、工段下达的任务，实现班组的生产目标，包括质量、产量、产值、速度、成本、利润、安全等重要指标
3	合理组织生产	严格按照定额定员组织生产，并加强培训，提高班组成员的主动性和积极性
4	减少物资消耗	加强物料的管理，包括生产资料和生产对象，减少物资和能源的消耗，降低生产成本
5	抓好安全生产	落实班组劳动保护和安全生产措施，不断改善班组的生产环境和条件，避免发生人员和设备事故

四、班组在企业中的作用

班组在企业中发挥着至关重要的作用，如图 1-2 所示。

1 参与生产与提升效率
（1）直接参与生产：班组是企业的基层组织，直接参与生产，完成企业的生产任务
（2）提高生产效率：通过优化班组结构、合理配置人员、完善工作流程等措施，可以提高生产效率，减少资源浪费，使企业在激烈的市场竞争中保持优势地位

2 质量控制与品质保障
（1）质量控制：班组在生产产品或提供服务的过程中，注重质量控制，及时发现并纠正质量问题，可以确保产品与服务的稳定性和可靠性
（2）品质保障：班组作为生产活动的直接参与者，对于保障产品质量至关重要。通过加强质量意识教育、完善质量检查制度等措施，可以有效提升产品质量

3 安全管理与事故预防
（1）执行安全规定：班组注重安全管理，严格执行安全规定，确保工作环境安全，可有效预防潜在的风险
（2）减少安全事故：通过加强班组安全教育和培训、落实安全生产责任制、完善安全管理制度等措施，可以有效预防和减少安全事故发生，保障员工的生命与财产安全

图 1-2

（1）促进团队协作：班组是一个小团体，成员之间相互学习、相互支持，可以提升整个班组的综合素质和工作效能，从而圆满完成工作任务
（2）搭建沟通桥梁：班组是企业管理层与员工之间的重要纽带，可搭建管理层与员工之间沟通的桥梁，确保信息传递畅通无阻

（1）激发创新精神：班组是企业生产和管理的基层组织，通过积极开展技术创新、管理创新和文化创新等活动，可以激发成员的创新精神，推动企业不断适应市场变化、提升核心竞争力
（2）推动企业发展：一个优秀的班组能够显著提高企业的生产效率、产品质量和安全管理水平，促进企业持续健康发展。同时，班组管理还有助于提升员工的归属感和凝聚力，激发员工的工作热情和创造力，为企业的进一步发展提供强有力的支持

图 1-2　班组在企业中的作用

企业应高度重视班组管理工作，选拔优秀的班组长，制定完善的班组管理制度，加强班组成员之间的沟通与协作，不断提升班组管理的水平，为企业持续健康的发展提供有力保障。

第二节　企业班组管理的要点

班组管理就是以现代管理理念为指导，利用先进的管理工具，充分激发班组成员的内在动力，使企业的产量、质量、成本、交货期、安全、士气等得到全面提升。

一、企业领导予以重视

很多中小企业在推进班组建设时，把班组管理只当成一项基层工作来做，缺乏系统的规划和整体的设计。其实，班组管理不仅仅是基层班组长的工作任务，也是企业领导的职责所在。

企业领导应认识班组管理的重要性，切实把班组管理与企业发展战略、生产目标、安全管理、科技创新等有机地结合起来，对班组管理给予大力支持和帮助。班组管理的模式，应与企业的战略、文化一致。企业的人员组成往往呈金字塔结构，基层人员数量最多，承担了企业 80% 以上的工作任务，所以，基层班组管理是企业战略发展的重要内容。

二、健全组织结构，加强班组管理

为切实加强组织领导，保证班组工作健康有序地开展，企业应健全组织结构，为班组管理提供完善的组织基础。

1.成立班组管理工作领导小组

企业应成立班组管理工作领导小组，行使指导和监督职能。领导小组由企业主要负责人担任组长，分管领导担任副组长，各职能部门负责人为组员。在班组管理工作领导小组下还可以成立班组管理考核小组，具体负责班组工作的检查和考核等工作。

2.建立基层班委会

班组不论大小，都应建立以班组长、小组长、业务骨干等为核心的班委会。班委会的任务是确定班组管理目标，组织开展班组安全活动、质量管理活动等。另外，企业还可以采取"工管员"制（"工管员"一般包括质量管理员、考勤员、材料员、技术员）等，将管理措施落实到个人，形成人人有事干、事事有人管的状态。

三、营造良好的班组氛围

营造良好的班组氛围，可以为班组管理奠定基础。

良好的班组氛围包括整洁的作业场所、安全的工作环境、融洽的人际关系。良好的工作环境能有效提升员工的工作热情，以及班组的凝聚力、战斗力。为此，企业应做好员工关爱工作，为员工办实事，不断提高员工的生活水平，增强员工的归属感。

在生产现场管理中，可以导入"5S"管理活动（整理、整顿、清扫、清洁、素养），形成以班组管理为平台，以人的素养为核心，以整理、整顿、清扫和清洁为手段，以安全、环保为目标的生产现场动态管理系统，从而为员工创造一个安全卫生舒适的工作环境。

四、制定完善的班组制度

1.班组规章制度的作用

制度一般是指要求大家共同遵守的办事规程或行动准则。班组规章制度在企业管理中扮演着重要的角色，如表 1-2 所示。

表 1-2 班组规章制度的作用

序号	作用	具体说明
1	规范行为，提高效率	（1）明确职责与权限：规章制度明确了班组成员的职责与权限，减少了工作重叠和推诿现象，从而提高了工作效率 （2）统一行动标准：通过制定统一的行为规范和工作流程，能够使班组成员在执行任务时行动一致，确保工作的一致性和稳定性
2	保障安全，减少风险	（1）强化安全意识：规章制度通常包含安全生产方面的内容，如安全操作规程、紧急应对措施等，有助于提升班组成员的安全意识，降低事故发生率 （2）预防安全隐患：通过严格执行规章制度，可以及时发现并消除生产过程中的安全隐患，确保设备和人员安全
3	促进协作，增强凝聚力	（1）促进沟通与合作：规章制度为班组成员之间的沟通和合作提供了指导，有助于班组建立良好的工作氛围，提高团队的协作能力 （2）增强归属感与认同感：规章制度是企业文化的重要组成部分，可以增强班组成员对企业的归属感和认同感，提高团队的凝聚力和向心力
4	奖惩分明，促进发展	（1）明确奖惩机制：规章制度中通常包含奖惩条款，对表现优秀的班组成员给予奖励，对违反规定的成员进行惩罚，有助于激发班组成员的积极性和创造力 （2）提供成长平台：规章制度中还会包含培训、晋升等方面内容，为班组成员提供成长机会，促进个人和企业共同发展
5	维护秩序，保障权益	（1）维护生产秩序：规章制度能够确保生产活动有序进行，避免混乱和无序状态，为企业的稳定生产提供保障 （2）保障员工权益：规章制度中通常会明确员工的权益和福利，如工资、福利、休息、休假等，维护员工的合法权益，从而提高员工的满意度和忠诚度

2.班组制度分类

企业应建立表 1-3 所示的班组制度，以确保生产活动顺利进行、班组管理有效开展。

表 1-3 班组制度

序号	类别	具体说明
1	基础管理制度	（1）班前会制度：每天上班前，班组长应组织召开班前会，布置当日的生产任务、质量要求和注意事项等，确保班组成员明确工作目标和职责 （2）交接班制度：各班组必须严格按照交接班制度进行交接班，交接内容包括设备运行情况、工器具、卫生等，确保生产活动的连续性和稳定性 （3）考勤制度：各班组应如实记录班组成员的出勤情况，为薪资计算和绩效考核提供依据

序号	类别	具体说明
2	安全管理制度	（1）安全管理制度：各班组应严格遵守安全管理制度，班组长为班组安全第一责任人，应组织班组成员学习安全规程，开展危险源辨识和风险评估，并制定控制措施 （2）安全操作规程：各班组应制定详细的安全操作规程，明确各项作业的安全要求和操作步骤，并确保班组成员严格遵守，防止发生事故
3	质量管理制度	（1）质量管理制度：各班组应严格按照质量标准进行生产，并定期开展质量检查工作，确保产品质量符合要求 （2）质量检验制度：应对生产的产品进行质量检验，对不合格产品及时进行处理
4	设备管理制度	（1）设备管理制度：各班组应按照设备管理制度对设备进行操作、维护和保养，以确保设备正常运行 （2）设备操作规程：应制定详细的设备操作规程，明确设备的操作步骤和维护要求，确保设备运行的稳定性和可靠性
5	培训制度	（1）培训制度：各班组应定期组织开展培训活动，以提升班组成员的技能水平和综合素质 （2）能力提升计划：应根据班组成员的技能水平和岗位需求，制定能力提升计划，并提供必要的资源
6	民主管理制度	（1）民主管理制度：应实行民主管理，重要事项由班组成员共同商议确定 （2）班组民主会：应定期召开班组民主会，共同商讨有关员工切身利益的重要问题
7	卫生清洁制度	（1）卫生清洁制度：各班组应做好卫生清洁工作，确保工作场所干净有序 （2）卫生检查标准：应制定详细的卫生检查标准，定期对工作场所进行检查，确保工作环境持续整洁
8	考核奖惩制度	（1）考核奖惩制度：应建立考核奖惩制度，根据班组成员的工作表现和业绩进行奖励或惩罚，以提高班组成员的工作积极性 （2）绩效考核标准：应制定详细的绩效考核标准，对班组成员的工作表现进行客观、公正的评价

五、注重学习的重要性

班组是支撑企业发展的最基本单位，是生产任务的实施主体，也是提高企业竞争力的土壤，所以企业应努力将班组管理从"制度＋控制"转变为"学习＋激励"模式，注重学习的重要性，提高班组成员的学习意识。

1.班组学习的基本原则

班组学习应遵循图 1-3 所示的基本原则。

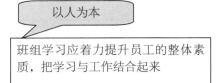

图 1-3　班组学习的基本原则

2.班组学习的基本要求

（1）班组成员应有共同的愿景和目标。

（2）应制定合理的实施措施，让班组成员全身心地投入到学习中。

（3）应创造良好的学习氛围，制定明确的学习目标和计划。

（4）应采取多样的学习形式，促进班组学习的效能。

（5）应建立学习长效机制，不断挖掘员工潜能，促进员工不断成长。

3.班组学习的具体实施

（1）学习组织

班组长负责制定班组成员的学习计划，确定学习内容，并对学习效果进行评估。

（2）学习形式

班组学习的形式分为三种，如图 1-4 所示。

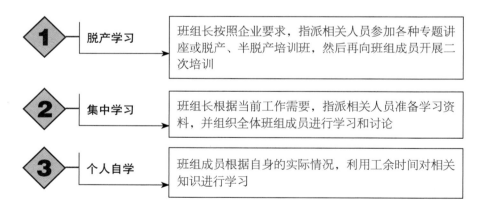

图 1-4　班组学习的形式

（3）学习时间安排

每次学习时间不少于 1 小时，每周学习时间不少于 2 小时，原则上不得影响正常工作的开展。学习可采取 PPT 文件讲解、视频放映、集体讨论等形式。

（4）学习内容

综合学习内容包括企业文化、规章制度、行为规范等；专项学习内容包括业务技能、应急处置、实践案例等。

（5）学习的考核评价

班组长应做好学习考勤，并开展考核，以检验班组的学习效果。

企业应事先制定学习考核指标及评价方法，如表1-4所示。

表 1-4　班组学习考核指标与评价方法

序号	考核指标	评价方法	评价标准
1	学习参与度	记录每次学习的出勤情况、提问与讨论次数	优秀：出勤率≥95%，积极参与讨论，提问次数多且质量高 良好：出勤率85%～94%，参与讨论，有提问 一般：出勤率70%～84%，偶尔参与讨论，提问较少 较差：出勤率<70%，很少参与讨论，无提问
2	知识掌握程度	定期进行知识测试，评估学习效果	优秀：测试成绩≥90分，知识点掌握全面 良好：测试成绩80～89分，知识点掌握较好 一般：测试成绩70～79分，知识点掌握一般 较差：测试成绩<70分，知识点掌握较差
3	实践能力	通过工作实践进行评估	优秀：能灵活应用所学知识，解决实际问题的效果好 良好：能应用所学知识，解决实际问题效果一般 一般：较少应用所学知识，效果有限 较差：未能有效应用所学知识，实践效果差
4	团队协作与沟通能力	团队成员互评，班组长观察	优秀：团队协作默契，沟通顺畅，积极分享学习成果 良好：团队协作较好，沟通基本顺畅，愿意分享学习成果 一般：团队协作一般，沟通存在障碍，较少分享学习成果 较差：团队协作差，沟通不畅，不愿分享学习成果
5	创新能力	工作中提出的创新想法	优秀：提出多个创新想法，且应用价值高 良好：提出创新想法，应用价值一般 一般：尝试提出创新想法，但应用价值有限 较差：未提出创新想法

六、选拔高素质的班组长

班组长具有生产者、组织者双重身份。如果把班组比作"细胞"，班组长就是"细胞核"，在工作中起到承上启下的作用。

加强班组管理的首要工作就是选择胜任的班组长。企业应根据实际情况，制定班组长任用标准，并综合考虑多个方面，选拔高素质人才。表1-5是选拔高素质班组长的一些具体策略。

表 1-5 选拔高素质班组长的策略

序号	策略	具体说明
1	建立科学的岗位能力与素质模型	（1）明确岗位特征和能力要求：企业应明确班组长的岗位特征，包括职责范围、工作内容等，并据此确定所需的能力与素质 （2）制定评估标准：基于岗位特征和能力要求，制定一套能够评估候选人素质和能力的标准。这些标准应涵盖专业技能、管理能力、沟通协调能力、责任心等多个方面
2	注重候选人的综合素质	（1）专业知识与技能：候选人应具备岗位相关知识和技能，能够较好地履行班组长的职责 （2）管理能力：候选人应具备良好的组织能力、计划控制能力等，能够带领团队高效地完成工作任务 （3）沟通协调能力：候选人应具备较强的沟通协调能力，能够与上级、下属以及其他部门进行有效的沟通和协作，快速解决工作中出现的问题 （4）责任心与团队精神：候选人应具备较强的责任心和团队精神，能够以身作则，带领团队成员为企业的发展贡献力量
3	关注候选人的工作经历	（1）工作经历：候选人应具备与班组长岗位相关的工作经历，熟悉班组管理的流程、考核标准等 （2）工作成果：企业应重点关注候选人在以往工作中所取得的成果，包括生产效率提升、产品质量改善等，以评估其工作能力
4	进行科学的考核与测评	（1）设计灵活的考核方式：企业应设计灵活的考核方式，以评估候选人的职业素养、管理能力及思维能力等 （2）多维度评价：通过面试、笔试、实操等方式，对候选人进行多维度评价，以确保考核结果的准确性和科学性
5	持续培养与提升	（1）制定培训计划：企业应为新任的班组长制定合理的培训计划，包括专业技能培训、管理能力提升等，帮助他们更好地满足岗位需求 （2）定期评估：企业应定期对班组长的工作进行评估，指出其存在的问题和不足，并给出相应的改进建议

第二章

班组团队管理

第一节　班组成员配备

企业应根据作业现场的需要，为不同的班组配备相应工种和技术等级的人员，做到人尽其才，高效率运行。班组成员的配备涉及多个方面，如确定班组的规模、结构和人员技能要求等。

一、班组定岗管理

班组定岗是指根据生产工艺和管理职能的需要，来确定岗位与人员编制。

1.根据工艺确定生产岗位

研究表明，一个人能有效管理的直接人数为 10 人左右，所以一个班组设定 5~8 个岗位为宜。

班组设定后，应根据生产工艺确定生产岗位，根据作业内容配置班组成员。一般来说，一个岗位需配备一位作业者。某些产品因特殊的工艺要求有可能临时增加人员时，在人员编制上也应事先说明，以免出现紧急用工的情况。

2.按需设置职能管理岗位

一般来说，生产班组的职能包括计划管理、物料管理、质量管理、考勤管理、设备管理、5S 管理、安全管理、成本管理、低值易耗品管理等。这些职能可以根据班组规模和工作量进行合理分配，具体如图 2-1 所示。

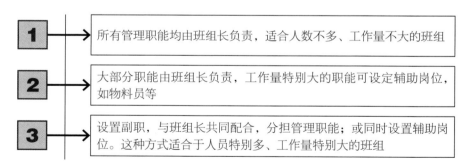

图 2-1　管理职能的分配

小提示

不同岗位的技能要求和资格要求不一样，所以班组定岗不仅对人数有要求，对技能、资格也有要求。

二、班组定员管理

班组定岗之后，班组的人数就基本确定了。班组定岗定员通常以组织表的形式体现，组织表是班组人员管理的重要工具，是班组职能的综合体现。

将班组组织表书面化并及时更新，一个阶段的人员安排就会一目了然，有利于班组长及时掌握和调整班组人员。

三、员工定岗管理

1.员工定岗的原则

员工定岗是由岗位要求和员工个人情况来决定的。根据岗位的特点，可以把员工岗位分为重要岗位和一般岗位；根据劳动强度的大小，可以将员工岗位分为一般岗位和艰苦岗位。企业通常按照图 2-2 所示的原则进行员工定岗。

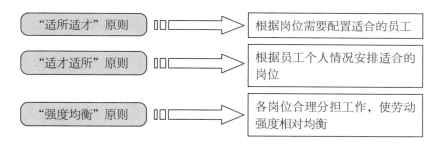

图 2-2　员工定岗的原则

2.员工定岗的好处

（1）员工在一段时间内固定在某个岗位，可熟能生巧，快速提高业务技能。

（2）员工定岗可确保生产与管理的可追溯性，出现问题后，有利于追根溯源。

（3）员工定岗可确保安全生产，稳定产品的质量和产量。

（4）员工定岗可提高工作效率，有利于员工调配。

3.员工未定岗的危害

员工定岗后，不允许随便换岗。

但在实际工作中，经常出现员工串岗和换岗的现象。串岗是指员工未经批准在一个班次内短、频、快地在不同岗位交替作业；换岗是指员工在一段时间内无组织、无计划地随意变换工作岗位。串岗和换岗都属于无管理行为，极易带来现场管理的混乱，危害是比较大的。

（1）岗位变换太快，员工业务技能不稳定。

（2）容易出现安全和质量事故。

（3）责任不清，问题难追溯。

（4）岗位变动大，员工处于无序状态，难以管理。

随着用工制度和用工结构的变化，开始出现临时工、季节工、劳务外包等用工形式，企业应根据岗位特点和用工需求，有针对性地做好定岗定员工作。

四、补员与员工轮岗管理

定岗定员是班组管理的基础工作，但是由于员工离职、休假、缺勤、出差等种种原因，绝对的定岗定员很难做到。没有弹性的定员会让班组长疲于应对临时性缺员问题。长期定岗不仅会使员工技能单一、滋生惰性，而且还会在临时性缺员时难以调配人员。所以，在定岗定员的基础上，弹性补员和员工岗位轮换是非常有必要的。

1.补员管理

出现员工离职或辞职的情形，班组长应及时向人力资源部门提出补员申请，同时做好人员调配工作，以免影响生产进度和产品质量。临时补充的人员到岗后，班组长应做好图2-3所示的事项。

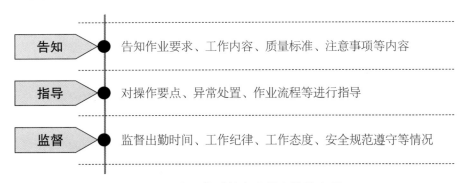

图2-3　班组长对补充人员应做的事项

2.员工轮岗管理

适当的岗位轮换有助于提高员工的学习热情，激发班组成员的干劲，培养多能工和后备人才。员工轮岗一定要有计划、有组织地进行。在人员选择上，以工作态度好、安全意识高、工作业绩稳定、技能熟练的老员工为宜。

> **小提示**
>
> 一般来说，老员工完全掌握新岗位的操作技能，需要2~3个月。所以，老员工转岗周期以3~6个月为宜。

一旦确定某个员工转岗，班组长就要像对待新员工一样，指导他、帮助他，做好转岗人员的业务培训、质量考核和业绩管理等工作。

 相关链接 ···

班组管理的特点

1.小

一个班组，人员少则几人，多则几十人；生产设备少则一两台，多则十几台；有时只生产一种产品，有时只参与一种产品的某几道工序。因此，再大的班组，与基层的车间、工段（作业区）相比较，都显得很小。

2.细

"细"是指任务细，考核细，管理细。比如，从生产任务分解、落实来看，企业将一项生产任务分解后下达到各车间，此时各项经济指标的考核对象是车间；车间再将第一次分解的局部任务，按照班组的生产职能分解成若干个更小的局部任务，并下达到班组，此时各项经济指标的考核对象是班组。

当班组接到局部任务时，也应将其分解并落实到班组的每个成员，这时班组各项经济指标的考核对象是员工。可见，班组的特点是：将任务落实到人，考核到人，管理到人。

3.全

"全"是指企业的任何工作都要落实到班组。

例如，生产任务、宣传学习、成本核算、风险防范、劳动保护和环境卫生等，都要通过班组长落实到班组。

所以，班组工作是企业全部工作的缩影。

4.实

"实"，一是指班组长不能脱离生产；二是指班组长要解决班组内的实际问题。

班组长处于"兵头将尾"的特殊地位。在员工中，班组长是"将"；在领导中，班组长又是"兵"。他们是不脱产的"将"，是指挥一班人的"兵"。班组长天天与组员、设备、产品打交道，要解决形形色色的实际问题。

可见，企业的各项工作都应在班组中得到落实，通过班组的日常活动来实现。班组工作的好坏，对企业的发展起着决定性的作用。

第二节 班组培训管理

班组培训管理是指对班组成员进行一系列培训，提升他们的业务技能和工作积极性，从而更好地完成工作任务。

一、班组长在培训中的作用

提到培训，人们总是觉得这是人力资源部门的事。很多班组长也认为他们的职能只是监督产品的生产。其实这些都是误解。

员工培训是各级主管的职责。班组长在下属员工培训和发展方面起着至关重要的作用。因为班组长比其他人更了解下属的长处和短处，更清楚下属的培训需求。

班组长在培训中的作用如图2-4所示。

图 2-4 班组长在培训中的作用

1.为新员工提供指导

新员工入职后，班组长应引领其认识班组中的每一个成员，并制定详细的岗前培训计划，包括公司制度、工作方法与流程、考核与奖惩等内容。为了保证班组长有效地实施指导，人力资源部可以制定一张详细的行动检查表。

2.分析员工的培训需求，有的放矢

员工培训的最终目的是提高工作业绩，所以班组长应找出影响绩效的原因，分析员工的培训需求，制定有针对性的培训计划。

3.促进内部沟通与交流

部门内的沟通和交流也是一种重要的培训形式，能够促进学习，留住人才。例如，某电子公司客户服务中心有近20名技术工程师，在小型机、服务器、网络、硬件设备等方

面，各有专长。出差是他们的家常便饭，每次出差回来，班组长都会要求他们出具详细的出差报告，将遇到的问题、采取的解决方案及心得体会写出来，以便在部门内部学习。

4.提升培训效果

班组长既是培训计划的制定者，也是培训效果的评估者。培训内容，对员工实际工作有多大帮助，班组长应与员工进行沟通，有时还需要向人力资源部反馈意见。

即便授课内容充分，课堂效果良好，但习惯会使员工旧习难改。有研究表明，培训后16个星期内必须开展4～5次辅导，否则培训效果会"缩水"80%。那么谁来进行辅导？直接主管——班组长责无旁贷。

5.培养继任者

优秀的班组长应具有最大限度地培养和利用下属的能力。有的公司规定，任何主管在没有培养出合格的继任者之前，都不能升迁。为了防止突如其来的人事变动，并为公司发展预留空间，有的公司实行"副手制"或"接班人计划"。班组长应选出具有潜力的后备人才，给予其更多的展示机会，并在职业规划、技能提升等方面给予特别辅导。

 **相关链接**

班组长对培训有哪些认识误区

培训员工，主管有责。但在实际工作中，班组长对培训有一些认识误区。

1.为人做嫁衣

一些中小公司，由于自身实力、企业文化等方面存在不足，认为培训会让员工流失。事实上，如果员工缺乏培训，低质量、低效率生产会让公司在激烈的竞争中被淘汰。

另外，对员工心存戒备，不舍得在人才发展上投入，会导致员工更快地离开。

2.自找麻烦

"下属懂得多了，见得广了，自己的权威就没有了，甚至自己的饭碗也会被抢了。"但如果不培训员工，手下是一帮庸才，班组的业绩肯定会受到影响，最终班组长的饭碗会丢得更快。下属的才能不但不会掩盖主管的才能，还会让主管得到上级的信任。

3.浪费时间

"还想着让员工加班呢，哪有时间让他去参加培训？""我手头上的事太多，哪有精力培训下属？""培训也不是一日之功，以后再说吧"……磨刀不误砍柴工，培训不是浪费时间，而是一种投资。员工掌握了必要的技能和方法，工作起来会事半功倍。

4.优则不训

"绩效不好，需要培训；下属绩效很好，还需要培训吗？"现在做得好，并不意味着将来做得好，而培训正是为不断变化的明天做准备。对绩效好的员工提供提升培训，是对他工作绩效的肯定，会促使他不断进步。

5.培训是一种福利

培训是为达成企业目标而采取的激励措施，而不应被看成是给予员工的恩惠。对希望办成"百年老店"的公司而言，培训不再是一种福利，而是完成目标所必须开展的工作。

二、班组培训的难点

有些企业，经常对员工进行培训，可是，员工的学习热情不高，有的甚至想逃课，这主要是因为：

1.培训内容空泛，缺乏针对性

培训内容大而空，不着边际，引不起员工的兴趣，这种培训往往是隔靴搔痒，与员工的工作缺少关联。

2.学习方法陈旧，缺乏吸引力

企业的学习方式大都是"一人念，大家听，照本宣科"，文化水平低的员工听不明白，文化程度高的员工又"吃不饱"，尽管讲师讲得口干舌燥，学员依旧无精打采。

3.靠罚款来鼓励员工学习，结果适得其反

有的企业会对培训作出考核规定，例如，不参加培训的员工每次罚款50元。虽然说这是企业重视培训的体现，但是，员工对罚款很反感，从而产生逆反心理。有些员工宁愿认罚也不愿意参加培训，甚至还会与管理者发生冲突。

4.基层管理人员文化水平低

在一些企业，文化水平低的基层管理人员大有人在，主要表现为业务水平较低、思路不开阔、表达能力差等，在很大程度上影响了培训效果。

三、开展OJT（现场内训练）

员工的培训与训练可分为 OJT（On the Job Training，现场内训练）与 Off-JT（Off the Job Training，现场外训练）。一般把在生产现场进行的培训与训练称为 OJT；而 Off-JT，则是离开现场的培训与训练，主要是指集中起来的教育研修。

1. OJT 的目的

（1）促进生产现场的交流，强化生产现场的合作。

（2）提高每个作业者的工作热情。

（3）有效地开展生产现场的工作。

2. OJT 的实施步骤

（1）确定受教育者

首先要明确完成生产现场各项作业所需要的能力。然后对流水线上的作业者进行评价，找出其存在的差距，确认需提升的内容。

（2）准备作业指导书

为提升作业者的工作能力，最好的办法就是将作业标准书面化。作业标准书面化就是将作业标准以文件的形式表现出来，即编制成作业指导书。作业指导书对员工从事某项作业起到指导的作用。

作业指导书要明确 5W1H，如图 2-5 所示。

图 2-5　5W1H 的内容

（3）进行实地指导

第一，对作业进行说明。向员工讲解作业的 5W1H，作业的意义、目的以及质量的重要性；重点强调安全方面的内容，使安全问题可视化；对零部件的名称和关键部位、工装与夹具的使用方法进行说明。

小提示

所谓可视化，就是用眼睛直接、容易地获取某方面信息，例如，标志牌、警示牌、标志杆、电子记分牌、图表等。

第二，自己示范一遍，然后让员工跟着操作。示范时，对每一个步骤和关键点都要进行详细的说明；员工跟着操作时，如果有不正确的地方，应立即纠正；让员工反复操作，直至完全掌握要领。

四、新员工教育

1.新员工的特征

（1）不能正确使用礼貌用语，在路上和领导、客户相遇时也不打招呼。

（2）不了解工作场所的礼仪，如餐桌礼仪、工作汇报礼仪等。

（3）不能做实际工作，尤其是刚毕业的学生。

（4）一被上司斥责，就变得消沉或极端。

（5）开会时随意和旁边的人说话。

（6）工作进行得不顺利，总是埋怨别人，既不自我反省，也不思考对策。

（7）不懂得团队协作的重要性。

2.新员工教育的方法

（1）制作简单的教育手册，包括公司制度、职场的礼仪等内容。在新员工入职时就安排培训，3个月后还应进行追加培训。

（2）看到新员工有不符合要求的地方，应立即纠正，不要等到事后处理。

3.新员工教育的内容

（1）遵守时间。告知新员工上下班的时间及请假流程等内容。

（2）注意着装。告知新员工着装要求和规定。

（3）注意礼节。指导新员工大声问好，也要告诉其对来宾的礼仪礼节。

（4）注意言语措辞。对上司或客户要使用敬语。

（5）注意动作。在工作场所不要跑动，材料和工具应摆放整齐等。

（6）重要的事情，如不良品、机械故障、自然灾害等要迅速向上司汇报。

（7）上司指示的事情应理解后再着手做。

（8）严格按照作业指导书操作。

五、多能工训练

1.多能工训练的必要性

多能工训练是现场管理不可缺少的工作之一。

（1）员工缺勤或因故请假时，如果没有人立即顶替工作，就会使生产停止或产量减少。

（2）在品种多、数量少或按订单安排生产的情况下，会频繁地变动流水线编制，这就要求作业者具备多种技能。

（3）为应对激烈的竞争，企业往往会根据客户要求而改变生产计划，作业者也应具备多项技能。

2.多能工训练计划的制定及记录

（1）列出生产现场需要的技术或技能，并记录到"多能工训练计划表"（见表2-1）中。

（2）把生产现场作业者的姓名也记录到"多能工训练计划表"中。

表 2-1　多能工训练计划表

姓名	训练项目及时间															
	取图	剪断	铸锻	展平	消除变形	弯曲	挫磨	冲压成形	整形	热处理	焊锡	熔接	铆接	组装	抛光	训练时间合计
	2天	2天	2天	3天	3天	5天	5天	5天	5天	8天	8天	8天	8天	8天	8天	80天
王军	☆	○	◎	○	☆	◎	×	◎	×	◎	×	×	◎	◎	☆	
李强	◎	☆	◎	◎	◎	×	☆	◎	○	×	◎	☆	○	×	◎	
刘明	◎	◎	☆	◎	◎	◎	×	☆	◎	○	◎	○	☆	◎	◎	
赵华	×	◎	◎	◎	◎	○	☆	○	◎	◎	○	◎	○	◎	○	
周凯	☆	◎	×	◎	☆	○	○	☆	◎	☆	◎	○	○	×	×	
陈杰	◎	◎	◎	☆	◎	☆	○	◎	○	◎	○	◎	☆	◎	◎	
朱辉	○	◎	×	×	×	◎	☆	◎	○	☆	◎	×	◎	◎	×	
杨志	☆	×	☆	○	×	◎	◎	☆	◎	○	◎	◎	×	○	☆	
赵敏	×	×	×	◎	◎	○	◎	◎	☆	○	☆	☆	×	○	◎	
张兵	☆	◎	◎	×	◎	×	×	◎	◎	☆	◎	◎	○	×	◎	

注：☆100％掌握；◎75％掌握；○50％掌握；×不需学会。

（3）评价每个作业者所具备的技能，并用规定的符号进行记录。

（4）制定各作业者的训练计划。

（5）随着训练的开展，增加评价符号。

3.多能工训练的方法

（1）根据"多能工训练计划表"，按顺序进行作业基准及作业指导书的培训与指导。

（2）完成初期培训后，带学员实地观察作业者的操作并进行指导，以加深其对作业基准及作业指导书的理解。

（3）在班组长、副班组长（或其他多能工）顶位时，可安排学员与作业者一起进行实际操作。

（4）当学员掌握了正确的作业方法，并能达到作业基准时，即具备了相应的作业能力。班组长可安排其单独作业，并持续一段时间（3~6日为宜）。

（5）评估学员的训练效果。检查学员的作业方法与作业指导书的要求是否一致，有没有不规范的动作，如果有应及时纠正；检查成品的品质、规格是否符合要求，有无因作业不规范造成的不良品。

 **相关链接** ◁┄┄┄┄┄┄┄┄┄┄┄┄┄┄┄┄┄┄┄┄┄┄┄┄┄┄┄┄┄┄┄┄┄┄┄

如何营造班组学习氛围

班组长应采取适当的措施和方法，为班组营造良好的学习氛围。

1.班组长需要不断地学习

班组长在培训下属时，首先需要自我培训。营造班组的学习氛围，应从班组长开始。

2.做好培训工作

班组长应立足本岗位，切实做好班组培训工作。

（1）培训工作应具有针对性

作为班组长，首先应对班组人员的文化程度、工作年限、业务水平等进行分析，并根据岗位特点与人员素质来安排岗位培训，做到有的放矢，激发员工学习的积极性和创造性，不断提高班组人员的综合素质，以适应不同工作的需要。

（2）培训工作应注重理论与实践相结合

培训内容应紧密联系实际，涵盖企业发生的各类事件。授课时鼓励员工进行深入探讨，做到举一反三，提高整个班组的文化层次和技术水平。

（3）培训内容应灵活多样

除常规培训外，企业还可采取模拟现场、有奖知识问答、角色扮演、小组讨论等多种培训形式，引导班组人员从不同角度看待问题，形成多向思维。

┄┄━▶

第三节　夜班员工管理

根据生产需要，一线作业时间通常采用两班甚至三班制，班组人员就会出现上夜班或上白班的情形。由于夜晚工作环境的变化及人体"生物钟"的影响，夜晚工作质量相比白天而言可能会有所下降，因此，作为班组长，有必要做好夜班员工的管理工作。

一、夜班工作安排

对于上夜班的员工，班组长应作出合理的安排。

1.了解工作情况并做好记录

班组长首先应对夜班的工作情况进行详细了解并做好记录。在充分考虑夜班工作强度的基础上，合理确定夜班员工的数量，做到人性化的管理。同时，设置夜班质检员并加强夜班的巡回检查。

2.合理选择夜班员工

对患有慢性疾病、心理状态不佳或有睡眠障碍的员工，不应安排夜班。

3.为夜班员工营造良好的工作环境

班组长应为夜班员工营造良好的工作和生活环境，比如，工作场所物品摆放整齐、照明良好、色彩鲜艳等。另外，为了缓解员工长时间工作的疲劳，还可在工作场所播放与工作氛围相适宜的音乐；员工小憩的环境应安静、舒适。

4.合理安排夜班员工的饮食

作为班组长，也要安排好夜班员工的饮食，比如，夏天准备消暑的糖水、茶水及饮料等；冬天提供暖胃的食物，如糕点、热粥等，确保员工吃饱、吃好。

二、夜班工作纪律管理

班组长应加强夜班员工工作纪律管理，具体可从图2-6所示的几个方面着手。

图 2-6　夜班工作纪律管理的要点

1.加强纪律培训

加强对员工的纪律教育，让员工充分认识到遵章守纪的重要性，并与那些纪律意识不强的员工进行沟通，晓之以理，动之以情，提高他们遵章守纪的主动性与自觉性。

2.加大督察力度

班组长可选择部分班组人员组成劳动纪律督察小组，每组两人以上，轮流值班。督察小组应秉公执法，对事不对人，有错必纠，违章必处，保证公平、公正执法，让违章违纪人员心服口服。

小提示

在对夜班员工进行督察时，班组长应科学安排督察时间和频率，让员工无规律可循，无机可乘，这样可减少班组长的工作量，大大提高工作效率。

3.进行适度处罚

督察小组抽查时，若发现违章违纪行为，班组长可对当事人进行适度处罚，起到警示作用。

三、夜班安全管理

夜班安全管理是企业安全生产的重要环节，员工睡岗、离岗或串岗等都会给安全生产带来严重威胁。因此，班组长在夜班期间必须强化安全管理，防止发生事故。

1.夜班不安全生产现状

随着科技不断进步，制造企业已基本进入电脑控制时代，大大降低了员工体力劳动的强度，加上良好的操作环境，很容易导致员工思想麻痹，出现违规情况，具体表现为：
（1）睡岗现象比较普遍。
（2）看书、玩手机、干私活。

（3）迟到早退、串岗聚岗。

（4）设备巡检不到位，巡检次数减少。

2.夜班安全管理措施

对于夜班的安全管理，班组长可采取图2-7所示的措施。

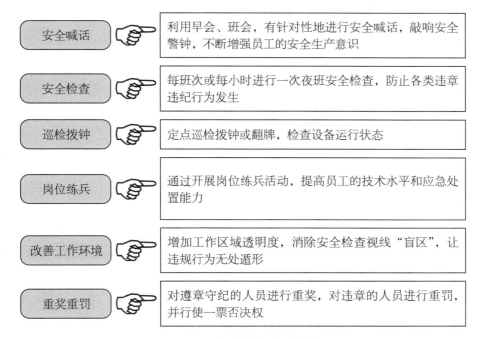

图 2-7　夜班安全管理措施

四、夜班员工保健管理

班组长除了做好夜班工作安排之外，对员工的保健工作也不能忽视，这样才能让团队保持旺盛的精力和良好的心态。夜班员工的保健工作可从以下几个方面入手。

1.提供营养餐食

夜班员工的餐食应注意营养搭配，要让员工吃饱、吃好，例如，食品不能太咸，不能让员工喝浓茶或咖啡等刺激性饮料。

小提示

班组长应为夜班员工安排一些营养丰富的饭菜，如动物蛋白和植物蛋白；另外，夜班工作容易导致视觉疲劳，可为夜班员工提供一些富含维生素 A 的食物，如动物肝脏、蛋黄、鱼子等。

2.关注员工的情绪与健康

班组长应定期与夜班员工进行沟通，了解他们的心理状态和工作压力，及时解决他们的困惑和不满，让他们始终保持良好的心态。同时特别关注员工的身体状况，确保他们有足够的休息，并定期为他们安排健康体检。

3.关注员工的家庭生活

夜班作业对员工的社会和家庭生活都有明显的影响。长期上夜班的员工，白天需要休息，无法参加社交活动，常常产生与世隔绝的孤独感。此外，与家庭成员有着不同的作息时间，因此与家人、朋友相聚的时间较少。

所以，班组长应合理安排夜班工作和员工调休，既要保障生产，又要兼顾员工的身心健康和家庭和谐。

第四节　现场沟通管理

众所周知，班组生产现场常常出现各种各样的问题，员工应将这些问题及时反馈给班组长或上级领导，否则很容易对产品品质、物流配送、售后服务以及企业声誉等造成影响。因此，在生产现场，班组长必须与下属进行有效沟通。

一、现场沟通的目的

班组人员做好现场沟通工作，可实现图 2-8 所示的目的。

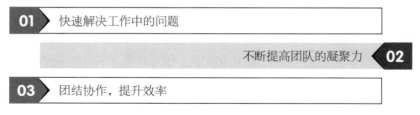

图 2-8　现场沟通的目的

1.快速解决工作中的问题

生产现场的问题层出不穷，需要全体班组成员共同面对。但是，如果信息沟通不畅，成员之间无法达成共识，也就无法及时有效地解决问题。

2.不断提高团队的凝聚力

团队中的成员，都是从陌生到熟悉。通过长时间的沟通与交流，班组成员逐渐信任与理解，班组的凝聚力可以有效提升。

3.团结协作，提升效率

班组中每一个人员的分工都不同，通过沟通与协调，他们能够团结协作，迅速解决生产中的问题，有效提升工作效率。

二、现场沟通的技巧

作为班组长，要想在生产现场同下属进行有效沟通，应具备以下技巧。

1.下达指令时内容要具体

作为班组长，在生产现场是否曾下达过这样的指令：

"做完以后一定要检查一下，看看有没有质量问题！"
"注意检查来料，看看有没有不良品，要是有，统统拣出来！"
"凡是有异常的，一个也不要放过！"

收到这样的指令，下属会有效执行吗？答案是：肯定不会。为什么呢？因为下属没有理解指令的真正含义，比如，检查哪种来料？有何种不良？检查什么内容？如果下属是个新人，接到这样的指令，恐怕更是一头雾水，无从下手。

那么，在沟通过程中，班组长怎样下达指令才算有效呢？以下答案可供参考。

"今天在使用A公司的塑胶材料前，要全数检查其扣位是否有缺口、拉斜、闭塞等现象，具体可参照客户送达的样品。"
"××半成品上机前，要全数检查内外箱、彩盒、胶袋是否用错，如用错，则整批退回仓库。"
"为了提高品质，这个月我们要全力研究塑胶件裂纹所引起的不良，所以一定要收集工程内的相关数据。"

除此之外，班组长在下达指令时，还应注意以下问题。

（1）可采用口头谈话、电话、书面通知、托人传递、身体语言等方式下达指令。但能当面谈话的就不要打电话；能打电话的就不要书面通知；能书面通知的就不要托人传递。

（2）发出指令之前，可先向下属询问一些相关联的小问题，通过下属的回答，把握其对所谈话题的兴趣，再亮出真正意图。

（3）除了绝对机密的信息之外，应对下属说明发出指令的原因。而且自己应对指令充分理解，不要只做指令的传声筒。

（4）发出的指令，不得随意修改。

2.让生产现场充满生机

生产现场充满生机，下属才能集中精力做好自己的工作，确保产品的品质达到要求。

（1）营造良好的工作氛围。良好的工作氛围包括整洁的作业现场、安全的工作环境、融洽的人际关系等。一个良好的工作环境能确保员工思想稳定，提高员工的工作热情，增强班组的凝聚力和战斗力。

（2）发挥班组长的作用。班组长可合理运用手中的权力，调动每个员工的工作积极性，让班组充满活力。同时，班组长应做好表率，以身作则，严格要求自己，并以此激发下属的工作积极性。

（3）建立健全班组规章制度。各种制度、条例、程序、办法等，如巡回检查制度、交接班制度、岗位责任制度、安全责任制度、技术培训制度等，应规范统一，落到实处。

（4）加强培训，提高员工素质。班组长应加强业务技能、安全生产、岗位职责和工作标准等方面的培训，同时将培训效果与工资、奖金、晋升等挂钩，以提升员工的业务能力。

（5）建立有效的奖惩机制。对表现突出、成绩显著的员工给予物质奖励或精神奖励，可以激发员工的潜能，调动员工的积极性和主动性。对违规违纪人员进行教育和惩罚，可以起到警醒与震慑作用，防微杜渐，促进班组合规有序运行。

（6）及时处理生产现场的问题。生产现场发生任何问题，班组长应及时响应，迅速采取措施，为整个班组的安全生产负责。

3.关注下属情绪

一般来说，下属情绪低落的原因如表 2-2 所示。

表 2-2　下属情绪低落的原因

序号	原因	具体说明
1	工作不顺心	例如，工作失误、无法按计划完成工作等
2	人事调动	因人事变动而调到其他班组或岗位，面对新的工作环境和同事，总是很不安
3	健康出现问题	不管多么强壮的人，身体不适时，内心总是特别脆弱
4	为家人担心	例如，家人生病、孩子学习不好等

作为班组长，可从以下几个方面来观察下属的状态。

（1）脸色、眼神。

（2）说话的方式。

（3）谈论的内容。

（4）走路的方式等。

三、提升现场沟通效率

在现场管理中，班组长该如何提升现场沟通的效率呢？

1.改变信息交流的手段

信息交流一般可以采用声音、图像、身体语言等方式。在日常生活中，以声音和图像交流为主。而生产现场的交流，班组长更应该注重提高自己的口头表达能力、书面报告能力及表单制作能力。如果有条件，可以使用一些电子通信工具，这对于提升沟通效率也是比较重要的。

2.畅通信息沟通的渠道

生产现场与仓储、物流、销售等部门，以及生产班组内部之间的信息沟通，应做到及时有效。因此，信息沟通的渠道应畅通无阻，以便大大缩短决策时间，降低沟通成本。

四、消除沟通障碍

班组长应当认识沟通的重要性，切实转变自己权威的角色。平等交流才是无障碍沟通的基础，班组长对下属要一视同仁，真正做到理解与尊重。

1.建立信任和尊重

建立信任和尊重是解决沟通障碍的第一步。班组长应通过言行举止来赢得下属员工的信任和尊重，比如，认真倾听员工的意见和建议，给予员工充分的尊重和关注等。只有这样，下属员工才敢于提出自己的想法与建议。

2.明确沟通的目的

班组长与下属沟通时，应明确目的，清楚表达自己的期望和态度，让下属明白自己的意图，避免无谓的闲聊。同时，下属员工也应主动与班组长沟通，以便其了解实际情况，及时调整策略。

3.提高沟通能力

班组长与下属沟通，不仅仅是说话，更重要的是倾听和理解。班组长应具备良好的沟通能力，能用简洁的语言表达自己的观点，同时也要善于倾听下属的意见。此外，班组长还应学会用积极的心态面对沟通中的困难和挑战。

4.总结经验与教训

每次沟通结束后，班组长都应该进行总结，分析本次沟通过程中的问题和不足，以便下一次沟通做得更好。同时，还应引导下属对工作进行反思和总结，不断提高自己的业务能力。

5.鼓励和奖励

班组长应营造开放、轻松的沟通氛围，鼓励员工提出自己的建议和意见，为企业的发展作出贡献。如果员工的意见被采纳，应给予其相应的奖励，以激发其他员工的积极性。

 相关链接 ‹⋯⋯⋯⋯⋯⋯⋯⋯⋯⋯⋯⋯⋯⋯⋯⋯⋯⋯⋯⋯⋯⋯⋯⋯⋯⋯⋯⋯⋯⋯⋯⋯⋯⋯⋯

如何应对"顶牛"的下属

在日常工作中，班组长经常会遇到与自己"顶牛"的下属。对于这种情况，如果处理不妥，很容易激化矛盾，影响正常生产。班组长如果对"顶牛"的下属运用先"观"后"引"再"牵"的方法，则很容易驾驭他们，并赢得他们的信任。

1.观"牛"

观"牛"即看清顶牛的形势，辨别顶牛的原因，以便对症下药。

（1）分析"顶牛"的原因

下属与班组长"顶牛"的原因是多方面的，作为班组长，对此一定要仔细观察、认真分析。

（2）自我反省与剖析

班组长遇到下属与自己"顶牛"时，首先要反省自己，检讨自己处事是否公正、工作态度是否傲慢、语言表达是否欠妥。其次要认真听取下属的陈述，冷静、客观地分析下属"顶牛"的心理。最后要学会换位思考，从下属的角度去考虑问题。这样一来，就不难找到解决的办法了。

2.引"牛"

引"牛"就是要缓解对方狂躁的情绪，逐渐平息他们的怨气，为妥善处理问题创造条件。班组长在引"牛"时，需要采取下表所示的措施。

引"牛"所采取的措施

序号	措施	具体说明
1	要负责不指责	即使下属出言不逊、言辞激烈，班组长也不要打断他说话，更不要冷嘲热讽，进行过分指责，而是要用真诚的态度给下属留下一个负责任的印象

续表

序号	措施	具体说明
2	要顺气不赌气	对下属的不良表现和故意顶撞行为，班组长不要太在意，也不要与其争吵，否则，针尖对麦芒，势必两败俱伤。只有宽容地对待顶牛的下属，先顺其气，才能有效地进行规劝和引导
3	要耐心不灰心	作为班组长，要有宽广的胸怀和足够的耐心，对顶牛下属的合理建议要予以肯定与采纳，逐渐缩短与他们距离，为下一步"牵"打好基础

3.牵"牛"

牵"牛"即抓住最佳时机，针对顶牛下属存在的思想问题对其进行教育，使其转变态度，提高觉悟。班组长牵"牛"时采取的措施，具体如下表所示。

牵"牛"采取的措施

序号	措施	具体说明
1	晓之以理	对因有片面看法和不正确认识而与自己顶牛的下属，要摆事实，讲道理，有针对性地进行教育，但不能一味迁就
2	动之以情	如果下属顶牛是因为班组长的过错，那么班组长要勇于承认错误，开展自我批评，并向下属道歉。如果是顶牛下属对自己产生了误解，班组长要尽快说明情况，消除误解。如果是下属自身的原因而导致顶牛，班组长要弄清情况，区别对待
3	导之以行	对待顶牛的下属，班组长不能要挟报复，而是应广泛听取意见，变被动为主动，努力化解与下属之间的矛盾

总而言之，对于下属"顶牛"这把锁，开启的钥匙就在班组长自己手中。只要班组长冷静观察，泰然处之，认真分析原因，巧妙对待，就一定能驾驭各种各样的"犟牛"。

第三章

生产现场管理

第一节　召开班前会议

俗话说，一日之计在于晨。班前会是班组每天工作的开始，对于提升班组凝聚力、执行力和战斗力至关重要。

一、召开班前会的目的

召开班前会有图 3-1 所示的目的。

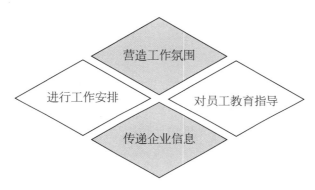

图 3-1　召开班前会的目的

1.营造工作氛围

每天工作开始前，员工还停留在思想松懈、注意力不集中的"休息"状态。班前会的首要目的就是要使班组成员快速进入工作状态，营造紧张的工作氛围。

2.进行工作安排

对当天的工作任务、人员调配、重点事项等内容进行合理安排，统一全员的意识和行动，使当天工作有序进行。

3.对员工教育指导

昨天出现的问题、今天注意的事项，都可以利用班前会对员工进行指导和教育。持之以恒地召开班前会，能统一员工思想、提高工作质量、培养良好的风气。

4.传递企业信息

班前会还是上传下达的重要渠道。行业方向、企业动态、业务信息、管理要求等，都可利用班前会向员工传达。

二、班前会的内容

班前会的内容主要包括企业经营动态、生产信息、质量信息、现场 5S 状况、安全状况、工作纪律、班组风气以及注意事项。当然，并不是每天都要面面俱到，可根据当天的实际情况确定班前会内容。具体而言，可从以下方面入手：

（1）总结上一个班的工作情况。包括生产、设备和人员存在的问题，防止在本班生产中重复发生。

（2）当日工作任务和岗位安排。明确当日的生产计划和人员分工，确保工作有序进行。

（3）检查员工出勤与精神状况。检查员工出勤情况，关注员工的精神状态，如果员工状态不佳，应合理调配。

（4）检查设备运行状况。确保设备正常运行，发现问题及时维修，以免延误生产。

（5）工作变更提醒。如果工艺、线路、进度等内容有变更，应及时提醒本班员工。

（6）强调安全生产。强调工作安全要求，包括个人防护用品佩戴、设备操作规范、应急处置等内容，提高员工的安全意识。

（7）员工经验分享。让优秀成员分享自己的工作经验和心得，促进整个班组共同努力、共同成长。

（8）问答与互动。收集员工对于工作流程、工作环境等方面的意见和建议，认真分析，并制定合理的解决措施。

三、召开班前会的要点

班前会作为班组管理的关键环节，直接影响整个班组的工作效率与团队协作。为了确保班前会的高效与有序，班组长应确保时间规范、内容规范、形式规范以及人员规范。

（1）班前会时间规范。班前会的时间应控制在半小时以内，确保会议高效、简洁。

（2）班前会程序规范。班前会应严格按照规定的流程进行，包括点名、安排工作、安全总结等环节，不得随意更改。

（3）班前会内容规范。班前会不能走过场，班组长应充分利用这个时间强调政策、强调纪律、强调安全，并合理安排生产、调配人员，使各项工作都落到实处。

（4）班前会考核规范。建立完善的班前会考评机制，定期开展班前会质量评估，并根据评估结果，及时制定改进措施。

第二节 生产过程控制

班组的中心任务是抓好生产，班组的一切活动都围绕着这个中心工作进行。所以，班组长必须做好生产过程管控，确保生产顺利进行，同时保证产品质量和生产效率。

一、首件管理

1.首件的概念

企业通过对第一件（或第一批）产品进行检验确认，可以避免发生批量错误生产。通常情况下，每班生产的第一件产品为首件。如果首件产品检验合格，说明目前的制程良好，反之，则说明还需要改进。至于检验的首件产品的数量是多少，需要根据生产特性来确定，一般为 5 件。

2.首件的检验

各班组应把每天或每个工序生产的前 5 件产品送品质部检验，如果其中有不合格品或不良品，则说明目前的制程不良，不能批量生产。

3.首件的管理

首件产品经品质部检验合格后，由班组长接收确认，并与检查表一起放置于首件专用台上。班组长应制定首件产品程序文件，对首件产品进行规范管理，主要包括签收、标识、记录、更改、确认、发出等事项。

4.合格首件的作用

首件产品经品质部检验合格后，班组可以用它和其他产品进行对比，以确保生产的稳定性。

二、样板管理

1.样板的分类

生产现场的样板通常可以分为两大类，即良品样板和不良品样板。良品样板就是指各项性能和指标均符合标准的产品，良品样板通常只有一个。不良品样板是指某项性能或指标不符合标准的产品，不良品样板可以有许多个，但通常只选取两三种具有代表性的不良品。

小提示

不管是良品样板还是不良品样板，均要放置在操作人员的附近，与作业指导书一样可以方便地获取。

2.样板的日常管理

（1）样板应获得工程技术部的确认，并有相关人员的签章。

（2）对样板每日进行点检，并建立点检记录。

（3）对样板妥善保管，防止损坏、变形。

（4）样板如果受损，应及时更换。

（5）定期对样板进行检查，并把检查结果填写在履历卡上。

（6）良品样板应使用非红色牌子进行标识。

（7）不良品样板的内容应根据实际情况及时更新。

（8）不良品样板要用红色的牌子进行标识，并注明不良内容。

（9）一件不良品可以包含多项不良内容。

三、员工上下班管理

如果班组人员上班时经常迟到、旷工、情绪不稳定、早退、串岗聊天、怠工等，下班时忘记整理台面、忘记关灯、忘记关电源等，都会对生产造成负面影响。

作为班组长，该如何做好员工的上下班管理呢？具体如图3-2所示。

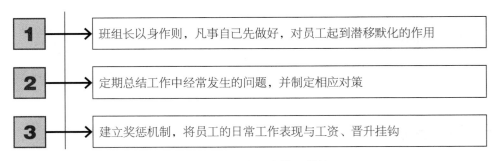

图3-2　员工上下班管理措施

四、新手管理

所谓新手，就是新入职、新提拔或轮（转）岗人员。新手对岗位职责不熟悉、业务技能比较生疏，在工作中经常出现问题，所以班组长应注重对新手的管理，比如，在平时的工作中派专人对他们进行指导，对他们生产的产品严格把关，加强岗位培训等。

五、工程变更管理

工程变更指的是在产品制造过程中有计划地改变机器、材料、方法和环境等的行为。工程变更的目的是改善制造工艺，更好地满足生产需要。

1.工程变更的内容

工程变更的内容主要如图3-3所示。

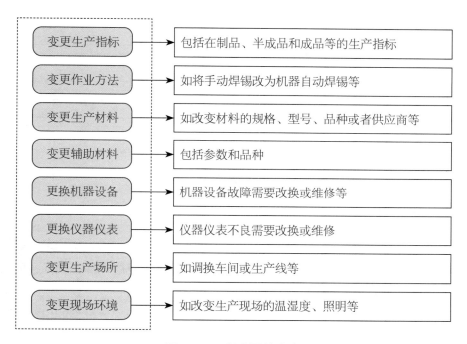

图3-3 工程变更的内容

2.工程变更的步骤

工程变更是现场生产最棘手的问题之一。工程变更时，工程部应发布"工程变更通知书"到各相关部门，并修改关联的技术文件（如作业指导书）。

当接到"工程变更通知书"时，班组长应确认变更事项内容，分析变更过程中会遇到哪些问题，对变更进行有效控制。

（1）记录变更的日期、时间，以及变更的详细内容。

（2）重点关注与变更相关联的工序，实时监控变更结果。

（3）严格检验变更后的第一批产品（一般是3～20件），找出问题点。

（4）将变更结果报告给上级管理者。

六、生产异常管理

1.异常及异常发现

异常就是生产过程中发生的各种问题和不正常现象。异常起初可能很小，但如果未及时发现或处理不当，则有可能造成严重事故。班组长应注重过程管理及时发现并消除异常，确保生产过程稳定。

发现异常主要靠经验，所以，班组长在日常工作中就应注意总结。通常而言，班组长可通过如图 3-4 所示的途径获得经验。

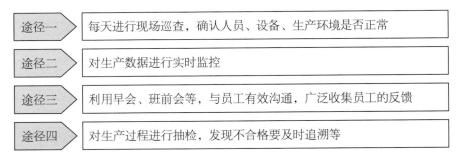

途径一	每天进行现场巡查，确认人员、设备、生产环境是否正常
途径二	对生产数据进行实时监控
途径三	利用早会、班前会等，与员工有效沟通，广泛收集员工的反馈
途径四	对生产过程进行抽检，发现不合格要及时追溯等

图 3-4 获得经验的途径

2.异常情况的处理

（1）快速响应与紧急处理。面对异常情况，班组长应迅速启动应急预案，组织班组成员进行紧急处理。在这个过程中，班组长要始终保持冷静，有序指挥，确保各项措施落实到位，并及时与上级领导沟通。

（2）分析原因。班组长应对异常情况进行详细分析，找出导致异常的根本原因，为后续处理和预防提供依据。

（3）改进与预防。班组长应根据分析结果，制定相应的改进措施，如调整生产工艺、更换生产设备、调配生产人员等。同时，对异常情况进行追查，找出根源，防止类似问题再次发生。

（4）协作与沟通。在处理异常情况时，班组长应注意与上级、下属以及其他部门的有效沟通与协作。只有各方形成合力，才能快速解决问题。

第三节 现场员工调配

人员是生产现场管理最大的难点。作为班组长，既要与其他部门搞好关系，也要协调好现场班组人员。

一、班组人员动态管理

对于班组人员流动的状态，班组长一定要了然于胸，而班组人员动态看板就是一个很好的方法，如表3-1所示。班组人员动态看板适合离散型工厂的班组，如IQC、物料组、动力班、实验班等。

表 3-1　班组人员动态看板

序号	姓名	在岗	出差	请假	临时离岗	休假	其他
1	周军	●					
2	王明	●					
3	陈杰		●				
4	朱辉	●					
5	巩浩	●					
6	罗海			●			
7	李兵				●		

二、人员顶岗管理

当员工离开岗位，如上厕所、喝水、吃饭、迟到或临时请假，班组长应安排其他员工顶岗，以保证生产线正常运行。

员工临时离开岗位，一定要向班组长提出申请，同时，卸下操作证，佩戴离位证。为保证员工离岗期间，产品品质和生产进度不受影响，班组长必须掌握班组每一位人员的业务技能，合理安排人员顶岗。

三、灵活安排多能工

多能工是指掌握两项或两项以上操作技能的员工，俗称多面手。这些人员在生产过程中可以被灵活调配，所以，通常是班组的宝贵资源。

（1）制定"多能工岗位表"（见表3-2），掌握班组多能工的情况，以便在缺人的时候灵活安排。

表 3-2　多能工岗位表

序号	姓名	磁厂介入	充磁吸尘	铜胶介入	电枢芯组装	大小壳组装	啤件	奈印（批号）	电检	外观检查
1	巩浩	☆	◇	●	◇	◇	●	※	●	☆
2	赵军	●	●	◇	☆	●	※	●	※	●
3	陈杰	☆	☆	☆	●	※	◇	☆	☆	※
4	刘明	●	●	◇	※	●	※	※	☆	◇
5	李兵	※	☆	☆	◇	●	●	●	※	●
6	杨敏	☆	※	●	※	◇	◇	※	◇	●
7	朱辉	※	◇	◇	●	☆	●	●	●	※
8	罗海	☆	※	☆	☆	●	◇	◇	※	●
9	高强	●	☆	※	●	☆	●	●	◇	☆
10	王亮	●	●	☆	☆	●	※	☆	●	※

说明：☆：表示技能超群，可以指导他人。
　　　●：表示技能良好，可以独立作业。
　　　※：表示具有此项技能，但不是很熟练。
　　　◇：表示欠缺此项技能。

（2）定期调换多能工的岗位，以确保他们熟练掌握各项作业技能。

（3）在工作中多观察、挖掘和培养，让更多人成为多面手。

（4）提高多能工的岗位津贴，确保多能工的收入与工作能力相匹配。

第四节　现场 5S 管理

5S 管理是一种有效的现场管理方法，目的是创造一个整洁、有序、高效的工作环境。

一、5S 管理的内容

5S 管理的内容如图 3-5 所示。

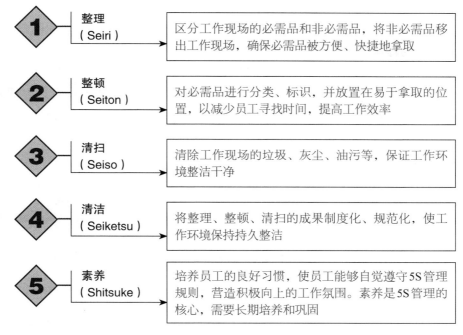

图 3-5　5S 管理的内容

二、整理——清除不必要物品

整理就是将工作现场需要与不需要的物品区分开来，保留需要的，撤除不需要的。这样，可防止物品误拿误用，保证工作场所整洁有序。

班组长整理作业现场时，可从以下几个方面着手。

1.对工作现场进行全面检查

检查的内容具体如表 3-3 所示。

表 3-3　工作现场检查表

序号	检查区域	检查内容
1	办公区域	包括工作台上、办公桌上、文件柜中、公共栏、看板和墙面等区域
2	地面（注意死角）	地面上的机器设备、大型工模夹具、不良品、半成品，油桶、油漆、溶剂、黏合剂、垃圾桶、小部件等
3	货架	货架上不用的物品、损坏的物品、破旧物品等
4	仓库	包括仓库内的原材料、废料、储物架、柜子、箱子、标志牌、标签、垫板等

2.确定"需要"与"不需要"物品

对工作现场进行全面检查，确定生产的必需品与非必需品。

同时将现场不需要的物品，如剩余的材料、多余的半成品、切下的料头、垃圾、废品、多余的工具、报废的设备、员工的个人生活用品等，清理出生产现场。整理的实施要点就是对生产现场的物品进行分类。一般可以将物品分为"不用""很少用""较少用""经常用"四类，见表3-4。

表3-4 生产现场物品的分类

类别	使用频率	处理措施
不用	不能使用	废弃处理
	不再使用	
很少用	可能会再使用（1年内）	存放于储存室
	6个月或1年左右使用一次	
较少用	1个月或3个月左右使用一次	存放于储存室
经常用	每天或每周使用一次	存放于工作台附近

对于"不用"的物品，应该及时清理出工作现场，进行废弃处理；对于"很少用""较少用"的物品，可存放在储存室中，需要时再取出来；对于"经常用"的物品，应该放在工作现场，方便作业人员拿取。

3.对废弃物进行处理

（1）应对废弃物进行分类，对不同的废弃物采取不同的处理措施。

（2）制定废弃物处理制度。

（3）采取转让、烧毁、掩埋等不同的处理方法。

（4）废弃物处理要由专人负责，并经领导批准。

4.每日自我检查

（1）岗位上的物品是否是必需品。

（2）配线是否整齐有序。

（3）材料或工具是否放在正确位置。

（4）对废弃物或非必需品进行整理。

三、整顿——让物品一目了然

所谓整顿，就是把需要的物品按规定摆放整齐，并做好标识，使工作现场井然有序。

1.现场整顿要求

（1）用5W1H法发现问题

首先，用5W1H法对现场，尤其是平面布置、生产路线和物品摆放等进行分析，发现其中存在的问题；其次，追根溯源，以便采取合理的改进措施。

（2）合理摆放，方便拿取

对制造业来说，整顿并不是单纯地将物品码放整齐，而是要让物品拿取方便，有明确的秩序让人一目了然，容易查找和归位。为此，生产布局和工位器具的摆放才是整顿的重点。

> **小提示**
>
> 工作现场使用的零件和材料比较多，整顿时要注意分类，以免混淆。办公文件和资料也要摆放整齐，以便快速查阅。

（3）整顿结果的标识

整顿完成后，可利用标牌、指示牌等对物品等进行标识。指示牌上应写明物品名称、类别、数量、存放位置或使用人等内容。

以下是某企业各责任区的整顿要求，具体见表3-5。

表3-5　责任区整顿要求

序号	对象	定位方法	标识要求
1	区域线、通道线等，包括主通道、次通道	在5S定置管理区域图中标出（每6个月更新一次）	（1）主通道线宽80毫米，次通道线宽40毫米 （2）主通道线为黄色，次通道线为白色
2	运输工具、汽车等	设定存放区域，划线定位	区域标志、5S管理标签等
3	产品及原材料、物资	设定存放区域，划线定位	标志卡、区域标志
4	设备、设施	固定存放，不能固定的要划线定位	设备标志牌、5S管理标签
5	工装、夹具、模具	设定存放区域，划线定位	工装标志卡、区域标志、5S管理标签

序号	对象	定位方法	标识要求
6	清扫用具	设定存放区域，划线定位	区域标志、5S 管理标签
7	垃圾箱及其他容器	设定存放区域，划线定位	区域标志、5S 管理标签
8	材料架、储物橱柜等	设定存放区域，划线定位	区域标志、5S 管理标签、物品明细及标签等
9	工作台	设定存放区域，划线定位	区域标志、5S 管理标签等
10	办公室	设定区域，用 5S 图定位	5S 定置管理图、5S 管理标签、物品明细标签等
11	垃圾场、废料场	划线定位、栅栏定位	区域标志、5S 管理标签等
12	作业区、办公区	划线定位、栅栏定位	区域标志、5S 管理标签等
13	工具、检具	工具箱、工具车、工具架，必要时划线定位	刻号标志、物品标签等
14	室外	5S 管理区域图、划线定位	区域标志、5S 管理标签等
15	办公室及办公用品	5S 管理区域图、划线定位	物品明细标签、5S 管理标签、区域标志
16	车库	5S 管理区域图、划线定位	物品明细标签、5S 管理标签、区域标志
17	洗手间	5S 管理区域图	5S 管理标签、区域标志、提示语

注：各类标志可自行设计打印，但要规范、清晰。整顿频次：每周一次。

2.现场整顿原则

（1）确定放置场所

① 整理后确定的必需品要定位存放。

② 根据使用频率来确定放置场所和位置。

③ 用不同的颜色（建议黄色）区分通道与作业区域。

④ 禁止堵塞通道。

⑤ 限定堆放高度。

⑥ 将不合格品与工作现场隔离。

⑦ 将不明物撤离工作现场。

⑧ 看板应放置于显眼的地方，但不得妨碍作业人员视线。

⑨ 危险品、有机物、溶剂应放在特定位置。

⑩ 暂时存放的物品，可悬挂"暂放"牌，并注明理由和放置时间。

（2）确定放置方法

① 可利用货架、箱柜、塑料篮、袋子等放置物品。

② 放置物品时，要确保先进的物品先出。

③ 尽量利用货架放置，充分利用垂直空间。

④ 同类物品集中放置。

⑤ 货架、箱柜等要有明显标识。

⑥ 必要时设定物品管理员及"每日点检表"。

⑦ 清扫器具以悬挂方式放置。

（3）合理定位

合理定位的方法如表 3-6 所示。

表 3-6 合理定位的方法

序号	类别	具体措施	备注
1	定位方式	◇标志漆（宽 7～10 厘米） ◇定位胶带（宽 7～10 厘米）	
2	定位工具	◇长条形木板 ◇封箱胶带 ◇粉笔 ◇美工刀等	
3	定位颜色	◇黄色：工作区域，放置待加工料件 ◇绿色：工作区域，放置加工完成物品 ◇红色：不合格品区域 ◇蓝色：待判定、回收、暂放区域	具体用何种颜色，视实际情况而定
4	定位形状	◇全格法：根据物品形状，用线条框起来 ◇直角法：只确定物品关键部分 ◇影绘法：根据物品外形来确定	

3.现场整顿的内容

（1）在制品整顿

在制品整顿的目的在于让人一眼看出异常状态，并迅速采取措施恢复到正常状态。

异常状态主要有"其他零部件未备齐，等待中""因后续工序、外协投诉而返回再加工（再装配）""不良或异常发生，等待筛选""机械故障，等待恢复""开始的步骤错误，工序等待中""过量生产""没有指令，随意制造的滞留品"等。

在制品整顿的要点如表 3-7 所示。

表 3-7　在制品整顿的要点

序号	整顿要点	具体说明
1	放置场所划分区域，标识清楚	在制品的放置场所应进行标识，可在地上用彩色涂料划分区域。例如，在零部件加工车间，可将在制品放置场所分为批量等待零部件、工序等待零部件（下一道工序该开始的零部件）、已加工零部件等区域。如果某零部件放在错误的区域，就可以认定为异常
2	遵循先入先出的原则	在制品的放置应遵循先进先出原则，即先放的物品先取出。如果后放置的物品先出库，那么先放置物品会一直被搁置
3	区分良品与不良品	可以在生产线外用不同颜色的涂料划分良品区域与不良品区域，将在制品分类放置

（2）工具整顿

工具具有反复使用的特点，因此出入库很频繁。做好工具整顿工作，将大大减少寻找时间，提高工作效率。工具的整顿要点如表3-8所示。

表 3-8　工具的整顿要点

序号	整顿要点	具体说明
1	保管场所设置合理	工具的保管场所应设在便于使用者拿取的地方，此外放置的高度要适宜
2	按工具固有的形状存在	如果按工具的形状存放，作业者一眼就能找到它们的位置，也能一眼看出异常

（3）设备整顿

设备整顿的原则就是，易于清扫、操作和检修，整顿要点如表3-9所示。

表 3-9　设备的整顿要点

序号	整顿要点	具体说明
1	标识清楚	设备旁应悬挂"设备操作规程""设备操作注意事项"等卡片。设备的维修与保养也应有相关记录
2	距离合适	设备之间的距离不宜太近，否则不易清扫和检修，而且还会影响人员操作
3	调整位置	把一些容易影响操作的设备与一些不易影响操作的设备进行合理的位置调整
4	加装滚轮	可在设备的下面加装滚轮，以便于清扫和检修

（4）工作台、架整顿

①削减工作台、架的数量，只留下必需的。

② 工作台或架的高度不一致时，可进行垫高处理。

③ 工作台或架等，不要直接放置在地面上，可适当架高，以便于清扫。

（5）配线整顿

① 配线走向应横平竖直，可使用绑扎带或线槽固定，以免交叉与缠绕。

② 可在配线外套上塑料管，以防配线损坏。

③ 应在配线上设置标签，标明线号、用途及走向，并将配线图张贴在明显的位置，以便于人员操作。

四、清扫——时刻保持干净

清扫就是将现场不需要的物品清除掉，让工作环境无垃圾、无污垢。这样可确保安全生产，减少事故，保证产品品质。

1.清扫准备

（1）安全教育

对员工进行安全教育，对安全知识（如防止触电、刮伤、碰伤、洗涤剂腐蚀、坠物砸伤、灼伤等）进行普及，防患于未然。

（2）设备常识培训

对员工开展设备常见知识培训，使他们熟悉设备基本构造及工作原理，能够对漏油、漏气、振动等异常状况进行处理。

（3）资料准备

制定清扫作业指导书，明确清扫工具、清扫位置、加装油润滑的基本要求、螺丝卸除和紧固的方法等内容。

2.清扫的步骤

（1）确定清扫的对象

清扫对象有物品放置场所、设备、空间三类，具体如表3-10所示。

表3-10　清扫对象

序号	清扫对象	具体说明
1	物品放置场所	包括成品仓库、零件仓库、材料仓库、半成品放置区、零件放置区、生产线、工具棚架等
2	设备	包括机器、设备、焊具、工具、刀具、量具、模具、车辆、搬运工具、作业台、橱柜、桌子、椅子、备品等
3	空间	包括地面、作业区、通道、墙壁、梁柱、天花板、窗户、房间、电灯等

（2）确定清扫责任人

清扫前应确定清扫责任人及清扫周期（是每天清扫还是隔日清扫），具体包括以下几点。

① 编制清扫责任区域图。以平面图的形式，展示清扫范围，并分配给各部门或人员。公共区域可采用轮值或承包的方式进行清扫。

② 制定清扫日程表。制定日程表的步骤如图 3-6 所示。

图 3-6　制定日程表的步骤

（3）确定清扫原则

清扫的原则如图 3-7 所示。

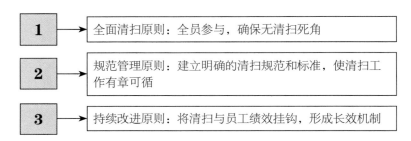

图 3-7　清扫的原则

（4）准备清扫用具

清扫用具应放置在容易取用的地方。准备清扫用具的要点如图 3-8 所示。

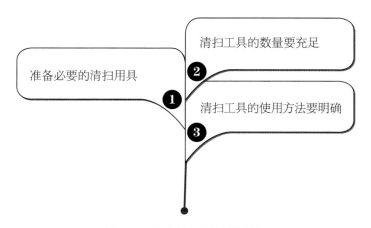

图 3-8　准备清扫用具的要点

3.实施清扫作业

（1）清扫地面、墙壁和窗户

在工作区域，地面、墙壁和窗户的清扫是必不可少的，比如，清理地面上不需要的物品，清除地面、墙壁、窗户的污垢等，同时要想办法杜绝污染源，改进清扫方法。

（2）清扫设备

设备一旦被污染，就容易出现故障，并影响使用寿命。因此，要定期对设备和工具进行清扫。清扫设备的注意事项如图3-9所示。

事项 **1** 除了设备本身，其附属设备、辅助设备也要清扫

事项 **2** 容易发生跑、冒、滴、漏部位要重点检查

事项 **3** 油管、气管、空气压缩机等看不到的部位要特别注意

事项 **4** 检查注油口周围有无污垢和锈迹

事项 **5** 检查操作台面有无磨损、污垢和异物

事项 **6** 检查操作部分、旋转部分的螺丝有无松动和磨损

图 3-9　清扫设备的注意事项

小提示

通过清扫，把污垢、油渍、灰尘等清除掉，设备漏油、裂纹、松动、变形等缺陷就会暴露出来，作业人员可以及时采取措施加以弥补。

清扫设备时会发现不少问题，可以采取以下措施。

① 维修或更换读数不准的仪表。

② 安装必要的安全防护装置。

③ 更换老化或损坏的导线。

④ 对生锈部位，及时进行保养。

⑤ 疏通堵塞的管道。

⑥ 分析跑、滴、冒、漏的原因。

4.查明污垢的来源

即使每天清扫，油渍、灰尘和污垢还是无法杜绝。要想彻底解决问题，必须查明污染的来源。

（1）污染产生的原因

污染产生的原因，大致有图 3-10 所示的几个方面。

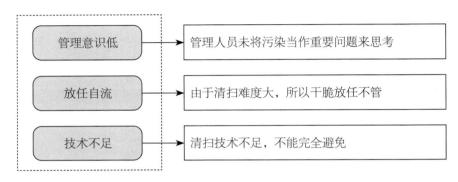

图 3-10　污染产生的原因

（2）调查污染源

① 明确污染物。在进行污染源调查之前，应先确认污染物。污染物的种类、形态、严重程度等不同，清扫的方法及采取的对策也不一样。

② 追查污染源。追根溯源，分析污染产生的原因及发生部位，并制定有效的应对措施。

③ 确定污染最严重的部位。通过对污染源的调查，在污染最严重的部位挂上标识牌，注明污染状态、严重程度、测定方法及防范措施。

（3）制定防范措施

① 在容易产生粉尘、飞屑的部位，装上挡板，将污染源局部化，以保障作业安全及利于废料收集，减少污染。

② 将设备的破损处进行修复。

③ 对黏性的废弃物如胶纸、不干胶、发泡液等，通过收集装置进行收集。

④ 将机器擦洗干净后，仔细检查油管、油泵、阀门、开关等部位，确认是否有磨损、泄漏现象。

⑤ 制作专用的打扫用具，防止污染物飞散。

5.检查清扫结果

（1）检查项目

清扫结束后，要对清扫结果进行检查，检查项目包括图 3-11 所示的几个方面。

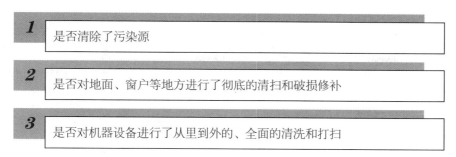

1 是否清除了污染源

2 是否对地面、窗户等地方进行了彻底的清扫和破损修补

3 是否对机器设备进行了从里到外的、全面的清洗和打扫

图 3-11　清扫检查项目

（2）检查方法

这里推荐一个轻松方便的方法——"白手套检查法"。

清扫检查时，检查人员首先戴上白色干净的手套（尼龙、纯棉质地均可），并向该工序的责任人展示；然后在检查部位来回刮擦数次，再将手套向责任人展示，由责任人自己判定清扫结果是否良好。如果手套有明显脏污，说明清扫工作没做好。

这种方法简单易行，结果客观公正，具有极强的可操作性，并且当事人也不会产生抵触情绪。

五、清洁——将日常清扫程序化

清洁就是将整理、整顿、清扫制度化、规范化，以维持整洁的工作环境。

1.确定清洁的标准

清洁的标准包含图 3-12 所示的三个要素。

干净

高效

安全

图 3-12　清洁的标准

2.对员工进行教育

班组长应将 5S 的基本思想向全体员工进行宣传，使全体员工统一思想，严格执行清洁计划，更好地完成清洁活动。

3.保持前3S成果

具体来说，清洁就是反复地开展整理、整顿、清扫工作，将整洁的状态维持下去，并形成标准化的作业流程和规范。要想把前3S（整理、整顿、清扫）的工作成果保持住，不能做一次就结束，而是要形成持续性的工作。这需要员工养成良好的工作习惯，时刻保持工作场所整洁有序。

4.标准化、制度化

对整理、整顿、清扫工作，如果不进行标准化、制度化，员工只能按自己的理解去做。企业应将整理、整顿、清扫工作的要求、方法、步骤等总结出来，形成标准与规范，并制定考核办法及奖惩制度，确保全员长期贯彻执行。

通过实施清洁，企业可以确保生产现场始终处于整洁有序的状态，从而提高生产效率，降低生产成本，增强员工的职业素养和责任感，在企业内部形成良好的工作氛围。

六、素养——养成良好的习惯

1.素养的含义

素养就是努力培养员工的良好习惯和职业道德，从而提高工作效率和质量。

2.素养的作用

（1）巩固前4S成果

随着素养的提升，员工能将整理、整顿、清扫、清洁等活动转化为自觉行为，让前4S成果长久保持，从而推动5S管理向更深层次发展。

（2）提升工作效率

员工都能自觉遵守工作规范，可确保生产有序进行，从而提高生产效率。同时，整洁的工作环境也能减少因寻找物品、设备故障等导致的时间浪费，从而进一步降低生产成本。

（3）增强企业竞争力

整洁有序的工作环境、规范的工作流程和稳定的产品质量，会使企业竞争力不断增强，企业的经营理念、工作质量和管理水平都能得到有效提升，从而赢得更多的市场机会。

（4）增强团队合作意识

当个人素养发生了积极变化，也会给班组带来正面影响。素养的提升有助于增强员工的归属感和凝聚力，形成积极向上的企业文化，让整个班组变得越来越强。

3.素养提升的要领

（1）制定规章制度

规章制度是员工的行为准则，是规范生产的保障，是企业文化的基础。企业应制定规章制度，明确员工个人素养的最低要求，并要求全体员工主动、自觉遵守。

（2）持续教育与培训

定期开展 5S 基础知识培训，同时结合案例分析、情景模拟等方式，加强员工对素养的理解，逐渐提升员工的认同感。

（3）建立激励机制

改变员工的行为习惯是不容易的。企业可通过激励措施来调动员工的积极性。有效的激励措施，能鼓舞人心，提升士气，营造出积极的工作氛围，起到事半功倍的效果。

第四章

生产物料控制

第一节　物料领用管理

物料成本是生产成本的重要组成部分。通过对物料进行管理，班组长可以确保每个生产环节所用物料的准确性和合理性，避免过量领用导致成本增加。

一、物料申领

一般来说，在班组生产现场，领取物料的步骤如图4-1所示。

图4-1　领取物料的步骤

领用手续虽不能省略，但可以简化，具体如下。

1.严格执行领料手续

班组人员在领用物料时一定要严格执行领料手续，并明确以下几点。

（1）需要申领的物料名称。

（2）物料申领步骤及需要填写的表格。

（3）物料领取的审批权限。

（4）审批的时限。

（5）物料领取的方法。

2.正确填写申领表格

使用部门或人员领用物料时应将物料申领表格填写清楚，经领导审批签字后，方可到仓库领取物料。物料申领表需要存档，以便日后查阅及问题追溯。

二、退料补货管理

班组生产现场人员若发现所领物料规格不符或品质不良时，应及时进行退料补货，以免延误生产。

退料补货往往要涉及几个部门，如仓库、品管部、生产部等，企业应制定详细的退料补货流程。

图 4-2 是某企业退料补货的流程，以供参考。

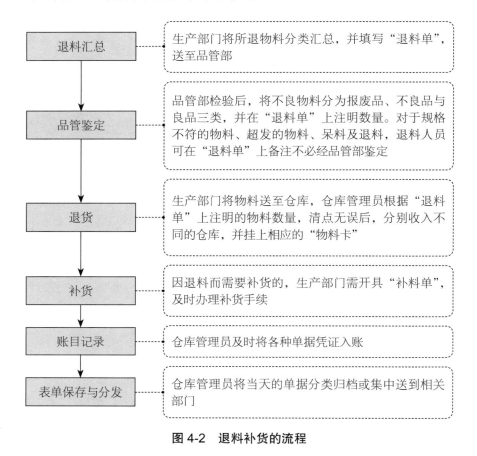

| 退料汇总 | 生产部门将所退物料分类汇总，并填写"退料单"，送至品管部 |

| 品管鉴定 | 品管部检验后，将不良物料分为报废品、不良品与良品三类，并在"退料单"上注明数量。对于规格不符的物料、超发的物料、呆料及退料，退料人员可在"退料单"上备注不必经品管部鉴定 |

| 退货 | 生产部门将物料送至仓库，仓库管理员根据"退料单"上注明的物料数量，清点无误后，分别收入不同的仓库，并挂上相应的"物料卡" |

| 补货 | 因退料而需要补货的，生产部门需开具"补料单"，及时办理补货手续 |

| 账目记录 | 仓库管理员及时将各种单据凭证入账 |

| 表单保存与分发 | 仓库管理员将当天的单据分类归档或集中送到相关部门 |

图 4-2 退料补货的流程

三、信息化管理

（1）可通过 ERP 管理软件实现物料领用的自动化管理。

（2）可在物料上贴上条码标签，以便快速识别和追踪物料信息。

（3）通过对物料领用数据进行分析，可发现潜在的问题和改进空间，为优化物料领用管理提供有力支持。

第二节　物料使用管理

物料使用管理是班组物料管理的重点，因为物料的使用情况、物料的品质等只有在作业现场才能被详细了解。

一、了解物料使用情况

物料利用率直接反映了物料的使用情况，班组长可计算出物料利用率，对物料使用过程进行判断与分析。物料利用率越高，物料使用越合理；物料利用率越低，说明物料使用过程存在的问题越多。

物料利用率是一个数值，且在物料的整个使用过程中不断变化。

物料的使用情况可以通过多个方面反映，具体如图 4-3 所示。

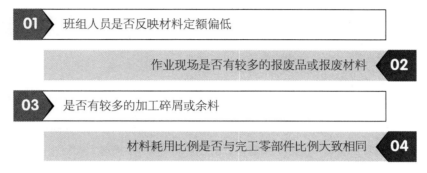

图 4-3　物料使用情况的反映途径

二、掌握物料使用方法

物料的使用方法直接影响物料的用量，不合理的动作、程序和方法，必然造成物料超标准耗用。所以对物料使用进行管理，一定要遵循正确的方法和程序。

班组长可通过现场查看的方式，确定作业人员是否正确使用物料，物料使用方法是否合理，以便及时采取改进措施。

> **小提示**
>
> 物料现场监督的重点：新材料、新岗位、新工人以及贵重的材料、使用量大的材料、专用材料。

三、控制物料浪费

浪费有两个含义，一是生产某种产品使用的物料超过了计划用量；二是一定物料投入后没有达到应有的效果。

物料浪费现象在企业的生产过程中时有发生，比如，加工错误造成的物料损坏，一次性采购过量的包装材料，保管不当造成物料变质等。物料浪费的具体原因如表 4-1 所示。

表 4-1　物料浪费原因分析

序号	原因	现象
1	直接浪费	（1）用量超标 （2）用高档材料代替现有材料 （3）加工错误而改制或报废 （4）人为损坏 （5）丢失 （6）变质、过期
2	间接浪费	（1）因焊接点增加造成相关材料浪费 （2）连接过多造成材料浪费 （3）多余功能造成材料浪费 （4）工序问题造成材料浪费 （5）设备问题造成材料浪费 （6）设计或操作不合理使边角料增多 （7）因材料规格不符或产品自身特点限制材料综合利用 （8）既定材料缺乏，采用了替代性材料而造成浪费
3	其他浪费	（1）零散采购材料，使采购成本增加 （2）大量囤积暂时不用的材料，使资金积压 （3）材料规格与型号不符 （4）过多制造暂时不需要的零部件或产品 （5）统计不准，超量生产 （6）半成品周转过慢，材料不能及时变成有价商品

四、减少边角余料

边角余料是在产品生产过程中所产生的较小的剩余材料。这些材料有时可用于其他产品生产，有时将毫无利用价值。作为班组长，应该将工作重点放在如何减少边角余料上。

班组长应对生产过程进行严格检查，如果存在数量过多、规格过大的边角余料，应查明原因，及时解决。边角余料过大、过多的原因如图 4-4 所示。

图 4-4　边角余料过大、过多的原因

五、关注物料到位状况

物料能否及时到位，直接关系生产能否正常进行。企业长期使用的材料一般都会有一定的库存，缺料情况较少，不能按时到位的主要是图 4-5 所示的一些材料。

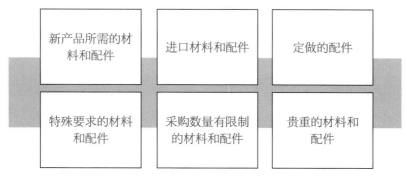

图 4-5　不能按时到位的材料

班组长不应依赖报表或生产计划，而是要到一线直接监管材料的使用，以便及时掌握材料短缺情况，提前安排采购，使生产高效运行。

六、了解物料品质

企业所采购的物料，尽管经过了入库检查，但能否真正达到要求，还应在使用过程中进行确认。有些物料表面看是好的，但里面已经变质；同批采购的物料，有时质量不一；因抽检缺少代表性而出现较大偏差，采购了问题物料；储存过程中物料变质等，都会影响正常生产。

班组长可通过图 4-6 所示的几种途径，了解物料的品质。

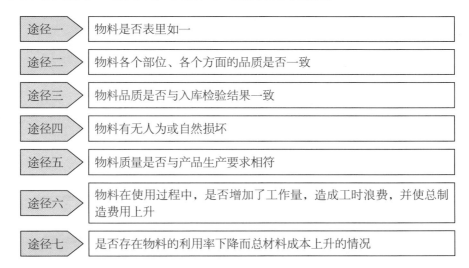

图 4-6　了解物料品质的途径

七、了解物料挪用及替代状况

在生产过程中，所需的物料如果无法及时供应，就会出现物料被挪用及替代情况。

1.物料的挪用

物料的挪用是指将生产某产品的物料，用于其他产品的生产。"挪用"的物料是同种物料，当用不同的物料代替原有物料时，叫作"替代"。

2.物料的替代

物料替代应考虑以下问题。

（1）替代物料的质量与所需物料有何不同。如果替代物料的品质比原物料差，会不会影响产品的质量；如果替代品质比原物料好，会不会造成产品成本增加，进而降低利润。

（2）有没有替代的必要。班组长应考虑图4-7所示的问题，以确定物料替代的必要性。

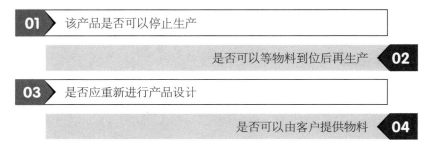

01	该产品是否可以停止生产
02	是否可以等物料到位后再生产
03	是否应重新进行产品设计
04	是否可以由客户提供物料

图 4-7　物料替代应考虑的问题

（3）替代后会不会对其他产品造成影响。如果替代物料是从外部购进的，那么就不会存在这个问题。但如果是用内部其他产品的物料进行替代，那么班组长就要考虑由此带来的影响，以免造成生产失控。

八、检查新物料的使用情况

新物料投入使用之后，质量如何、利用率怎样、是否适合加工，都是班组长应重点关注的内容。

对新物料使用情况进行检查，应注意图4-8所示的问题。

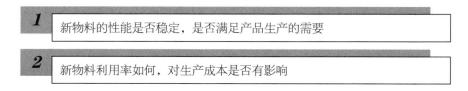

| 1 | 新物料的性能是否稳定，是否满足产品生产的需要 |
| 2 | 新物料利用率如何，对生产成本是否有影响 |

3	新物料的供应情况如何

4	新物料是否是最佳选择，有没有更好的替代品

图4-8　检查新物料使用情况的注意事项

第三节　现场物料控制

物料是企业产品生产的基础。现场物料控制直接影响生产的正常进行。

一、物料先来先用

对原材料进行严格控制，是确保产品高品质的关键。先来先用就是按照生产物料进厂的先后顺序来使用。

1.先来先用的原因

为什么要遵循物料先来先用原则呢？原因如图4-9所示。

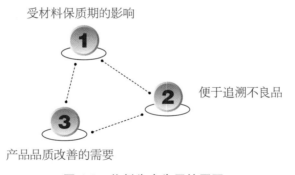

图4-9　物料先来先用的原因

（1）受材料保质期的影响。任何物料都有有效期，超过了有效期，物料的性能就会受到影响。如果生产中使用的物料在仓库或者在现场放置时间过长，那么向客户提供产品的品质会大打折扣，严重时会导致客户投诉。

（2）便于追溯不良品。物料引发不良品的情况可能不会在生产现场被发现，有时过了很长时间，甚至是产品到了客户手中才暴露出来的。如果企业物料以一种无序的状态投入使用，当出现不良品时就无法确定哪一批物料存在问题，自然也就无法采取弥补措施。

（3）产品品质改善的需要。很多时候，企业通过物料改进来提升产品的品质。而新旧物料在处理方法上存在着显著的差异，如果物料使用没有时间顺序，物料版本频繁更换，那么生产现场无法对物料质量进行有效控制，从而影响产品的整体品质。

2.物料无法先来先用的处理

在生产现场，当物料无法先来先用时，班组长应视不同情况做不同处理，具体如表4-2所示。

表 4-2　物料不能先来先用的处理

序号	发生情况	处理对策
1	制造日期在前的材料为不良品，制造日期在后的材料为良品	（1）收集生产线上所有的旧材料，并进行标识 （2）如有必要，暂停整个生产线，直到所有旧材料处理完毕 （3）新材料投入使用后，在产品上添加出厂号码，以便于管理
2	为了提升品质，一种材料必须与另外一种材料配对使用	（1）应向作业人员讲明配对使用的要点、数量与时间 （2）在交接班时，一定要将相关事项交代清楚，并有书面记录 （3）对配对使用的产品加以标识，以便于检查
3	应供应商请求，试验改良材料	（1）不要在试制期间同时使用正常材料，对于试制产品要贴上标识 （2）尽量不要同时试制多种产品，以免混淆 （3）将试制期间的材料进行封存，在检验结果出来之前不得随意使用
4	材料被特别采用	（1）在指定的时间内用完这些材料 （2）在产品上做好标识

二、物料放置区域不混乱

在生产现场，材料摆放应该注意以下事项。

（1）合理摆放各类材料。现场的推车、货架应合理摆放。每个货架上的材料都要注意分层，比如，重的、大的材料放在下面，轻的、小的材料放在上面，以保持货架的稳定性。

（2）不同批次的材料做好标识。为了快速找到想要的材料，应对材料进行标识。对于一些体积小的材料，在拆除外包装时，可以用较粗的油笔在内包装上注明收货日期。对于一些体积大的材料，则可将标识卡附在实物上或挂在实物附近的货架上。

（3）新料在里旧料在外，新料在下旧料在上，以便于材料先来先用。在生产现场，作业人员不应随机拿取材料。前一个包装箱内的材料未用完，尽量不要打开新包装箱，以免混用。

（4）不同材料一起摆放时，小件材料应放在作业人员跟前，大件材料放在外侧。取拿次数多的材料应放在跟前，取拿次数少的物料应放在外侧。

小提示

如果供应商或上一道工序提供的材料日期混乱，作业人员应立即反馈。

（5）相似的材料不要摆放在一起。外观较难区分的材料一起摆放时，作业人员极易用错，从而影响生产。

（6）材料呈扇形摆放，营造阶梯空间。扇形摆放，符合人体手臂最佳移动的范围，作业人员拿取材料时，不易产生疲劳感。

（7）及时清理工作现场的不良材料。

三、妥善保管生产线上的物料

企业生产过程中所需的各种材料，一般都是按计划领用。由于生产线上没有库房，材料领取后，可能一时用不完，很容易腐烂变质、丢失损坏。为此，班组长必须切实做好材料的临时保管工作。

1.物料保管要求

（1）领用的贵重材料、小件材料，应在室内规划出合适的地方放置，并加锁保管，按定额发放。

（2）领用的机器设备、钢材、木材等大宗材料，若暂时存放在生产现场，应堆放整齐，下垫上盖，并有专人负责。

（3）生产加工应做到工完料净，剩余的材料要全部回收，并登记入账。

2.物料控制措施

（1）按生产进度供料，生产完成后，及时整理剩余物料。

（2）对剩余物料应及时清理退库，不得形成账外料。

（3）仓管员要做到日清、月结、季盘存，账、卡、物、资金相符，并按规定上报各类物料统计报表。

（4）对工具严格管理，建立班组、个人工具卡片。如果员工因个人原因将工具丢失或损坏，应按规定赔偿。

（5）对劳保用品应建卡立账，按规定发放。

（6）管好文档资料。各种原始记录、账本、单据等，应装订规范，保管完好。

（7）定期进行物料盘点。

四、工作台面保持整洁

班组长应首先检查一下生产现场是否存在以下情况。

（1）大多数工作台只利用了平面空间，未利用立体空间。

（2）材料几乎堆满了整个工作台。

（3）多人挤用一张工作台，作业人员在身前身后的空间，到处存放材料。

（4）作业人员自己制作了各种装载托盒，放在工作台上。

（5）地面上有从台面撒落的各种小零件。

（6）良品与不良品全都放在台面上，除了作业人员之外，其他人不知道哪些是良品哪些是不良品。

其实，工作台是生产产品的主战场，生产活动都是在这里进行的，产品的品质、成本、交货期等都要受生产线上作业人员的影响。所以，班组长对工作台上材料的摆放一定要严格管理，具体要求如图4-10所示。

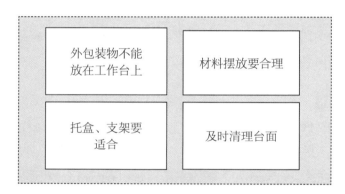

图4-10　工作台面摆放要求

1.外包装物不能放在工作台上

工作台本身就不大，只适合放置一些材料、夹具、小型设备。若把材料外包装物，如纸箱、木箱、发泡盒、吸塑箱等，一起放在台面上，不仅占用空间，还极易污染工作环境。

2.托盒、支架要适合

（1）选择大小合适的托盒、支架盛放材料。

（2）托盒、支架要稳定。托盒之间相互串联，可有效增加其稳定性，也能节省台面空间。

（3）托盒、支架上要有标识。写明材料的名称、编号，便于人员确认。

（4）充分利用斜托板。斜托板是梯形摆放的延伸，细小的单个摆放的零部件，使用斜托板摆放后，可大大提高取拿效率。

3.材料摆放要合理

工作台上应合理分区，分类摆放材料。将小件及频繁取用的材料放置于靠近作业人员手部的位置；为避免混淆，外观相似的材料应分开摆放；此外，采用阶梯式摆放，合理利用垂直空间，以提高作业效率与准确性。

4.及时清理台面

及时清理工作台面上的不良材料，不要让不良材料在工作台面上过夜。

五、正确标识不良物料

为了确保不良物料在生产过程中不被误用，生产现场所有不良物料都应有明显的标识。

1.物料标识的作用

明显、有效的标识可以防止作业人员在加工过程中误操作，确保只有合格的材料和零件才能进入生产环节，同时有利于按先进先出的原则使用材料。

2.物料标识的方法

（1）物料标识一般注明物料的型号、名称、规格、生产厂家、商标等内容。对于大批量采购的物料，可用批次号、生产日期等加以标识。

（2）物料标识的形式一般有标签、标牌、钢印、喷墨打印、电笔刻蚀和条形码等，也可采用随行文件（如流转单）的方式。

（3）物料标识的部位一般在物料上、包装上、料架上、专用手推车上等。

（4）物料标识必须正确、清晰、牢固。如果物料标识在加工过程中被损坏，班组人员应做好修复工作。

六、不用物料的处理

不用物料就是指因工艺设计、生产计划、市场需求发生改变，或仓储保管不当、机种切换，而不能用于生产的物料。呆料、旧料都是不用的物料。

1.不用物料产生的原因

不用物料产生的原因如表4-3所示。

表 4-3　不用物料产生的原因

序号	产生原因	详细说明
1	设计上的原因	（1）设计失误。正式生产后才发现设计错误，重新设计后，之前的物料已不再适用 （2）设计变更。因企业生产或客户需求，要对设计进行变更，导致旧物料不能再用
2	生产计划、销售计划变更	（1）客户突然取消订单，生产计划被迫变更，造成物料积压 （2）销售不畅或产品定价过高，导致销售缓慢，物料积压
3	采购上的原因	（1）没有严格按生产计划进行采购，导致物料采购过多 （2）市场预测不准，过度生产或采购，导致物料过剩

2.不用物料的影响

不用物料会对生产现场产生几个方面的影响，具体如表 4-4 所示。

表 4-4　不用物料的影响

序号	影响	具体说明
1	容易造成生产现场混乱	现场作业空间有限，如果不用物料堆积在现场，必然会使现场杂乱不堪，作业人员有可能错用物料，产生不良品
2	成本增加	物料放置在生产现场，班组需要付出人力、物力去管理，从而使管理成本增加
3	生产效率下降	物料积压会使生产进度受阻，从而降低生产效率，严重时可能导致订单延误，影响企业信誉

小提示

暂时不用的物料，不应长时间摆放在生产线上，否则会分散现场作业人员的精力，导致不良品发生。

3.不用物料的处理

（1）设置暂时存放区。可在现场规划出一块区域，设立明显标志，将所有暂时不用的材料，封存好存放到该处，具体要求如图 4-11 所示。

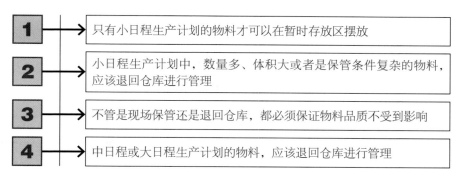

图 4-11　设置暂时存放区的要求

（2）机种切换前物料全部清场。机构切换时，应回收所有剩余物料，包括良品和不良品。清点数量后，放入原先的包装袋（盒）中，并用标签纸加以注明，然后放到"暂时存放区"。良品与不良品要分开包装。除此之外，物料清场的注意事项如图 4-12 所示。

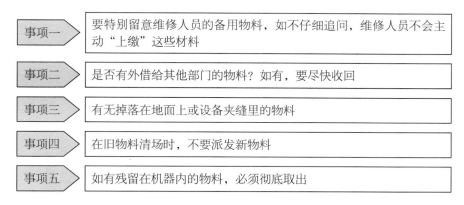

图 4-12　物料清场的注意事项

（3）物料暂时存放应遵循的原则，具体如图 4-13 所示。

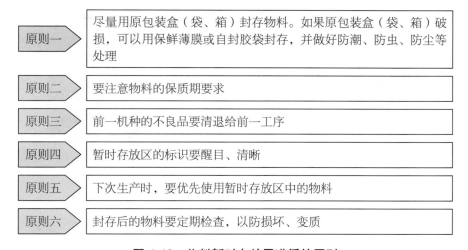

图 4-13　物料暂时存放需遵循的原则

七、定期进行物料整理

1.物料整理的要点

物料整理的要点如表 4-5 所示。

表 4-5　物料整理的要点

序号	整理要点	具体说明
1	定量定位存放	（1）先确定物料的存放位置，再确定工序交接点、生产线和生产线之间中继点所能允许的标准存量和最高存量，以及放置界限，如长、宽、高的限制，并明确标识出来 （2）对超出限制的物料，应另行管理
2	确保先进先出	现场存放物料的各类周转箱、台车等，要堆放整齐，便于清点，确保物料先进先出
3	搬运、储存要合规	防止搬运或装箱时出现物料损坏或异品混入等情况
4	不良品要有固定放置场所	对不良品要设置专门的放置场所，并用不同颜色的箱子装好，以便于区分

某车间不良品的存放如图 4-14 所示。

图 4-14　某车间不良品的存放

2.备品、备件整理

备品、备件的整理，要确保其始终处于可用的状态，如发现污染、变质、锈蚀等情况，应查明原因，及时处理。

3.消耗品整理

消耗品通常存放在生产线附近。为了防止其掉落，可用较小的盒子盛装，但不要装满，同时要有封盖，以免混入其他类似零件。掉落的零件捡起后，也不要再放入盒子里，以免发生物料混装。

弹簧类容易纠缠在一起的物料、垫圈类不易抓取的物料以及各类金属轴承，要注意防止破损、变形等情况发生。

对于电气胶带、电线等的摆放，要方便拿取。

4.危险品整理

危险品整理的要点如表 4-6 所示。

表 4-6　危险品整理的要点

序号	整理要点	具体说明
1	危险品的存放	危险品一定要按照规定的要求和标准进行存放
2	存放区域标识	危险品存放处应有"使用规定""使用方法"及"注意事项"等标识，附近还应配备一定的防护器具，张贴一些警示标语
3	化学品标识	化学品的标识应注明化学品的类型、名称、危险程度及安全措施等
4	配备防护用品	作业人员使用有毒、有害、有腐蚀性及刺激性的化学用品时，必须穿戴好防护服、防护手套，以确保安全

八、剩余物料的处理

对于剩余物料的处理，班组长可采取表 4-7 所示的方法。

表 4-7　剩余物料的处理方法

序号	处理方法	具体说明
1	正常处理	（1）型号、规格相同的剩余物料，可以按通用物料处理 （2）型号、规格相近的剩余物料，可以按特采物料处理 （3）使用不了的物料，首先要看能否退给供应商 （4）无法处理的贵重物料，保管一段时间再做决定
2	按废品处理	对于没有利用价值的剩余物料，按废品进行处理，这些物料包括： （1）因保质期、场地等因素限制，不宜继续保存的物料 （2）没有办法处理的、在可预见的未来也不会再用的一般物料 （3）保管一段时间后仍然没有利用价值的比较贵重的物料

第五章

生产交期管理

第一节 交期管理要求

班组长作为生产现场的直接管理者，对生产进度进行严格把控至关重要。班组长应根据计划，合理安排生产任务，确保产品能够按照约定的时间交货。这样不仅能够满足客户的要求，还有助于提升企业的信誉和口碑。

一、班组生产要有计划

班组长关注的计划包括月生产计划、周生产计划、日生产计划、人员培训计划及人员值班计划等。

1. 月生产计划

月生产计划是生产管理部门以年度计划和客户订单为依据，结合企业生产实际而制定的计划。该计划一般提前一到两个月制定，覆盖周期为一个月，内容主要包括产品的型号、批号、产量、生产组别等，经领导批准后，发送到各相关部门。

2. 周生产计划

每周工作计划主要反映班组一周内的主要生产任务，既包括上周未完成的事项，也包括本周要处理的问题。

周生产计划实际上是月生产计划的细化与分解，由生产部门根据生产信息和月生产计划制定。

3. 日生产计划

日生产计划是生产现场以周生产计划为依据为各班组作出的每日工作安排，通常由车间主任制定，写在各自班组的看板上。

4. 人员值班计划

（1）工作值勤和值班计划。许多企业实行倒班制，班组长需要合理安排人员值勤，既要满足生产需求，又要让员工得到足够的休息。

（2）卫生轮值计划。卫生轮值计划主要是班组公共区域卫生的清洁工作安排。一般由班组长制定，粘贴在本班组的看板（白板）上，让大家遵照执行。卫生轮值计划包括值日人员姓名、主要工作事项、检查标准等内容。

二、解决生产瓶颈问题

生产瓶颈是生产过程中的一种不正常现象，极大地影响了生产能力、生产进度和生产效率。所以，企业必须辨别生产过程中的瓶颈问题，并采取有效的应对措施。

1.生产瓶颈的表现形式

生产过程中的瓶颈工序是生产进度的最大障碍，破坏了整个生产的平衡。

（1）如果瓶颈工序与其他工序在产品生产过程中是串联关系，例如，流水线作业的前道工序慢于后道工序，那么前道工序会造成产品积压，而后道工序则供应不足，从而影响后续工序的进度。

（2）如果瓶颈工序与其他工序在产品生产过程中是并行关系，例如，配套件的生产与加工，虽然某个零部件已生产完工转序，但配套的另一个零部件并未完工，那么也会影响生产进度。

2.生产瓶颈问题产生的原因

引发瓶颈问题的因素包括材料、工艺、设备等，如表5-1所示。

表5-1　引发瓶颈问题的因素

因素	细节描述
材料供应	个别工序或生产环节所需的材料供应不及时，会造成生产停工
工艺	工艺设计或作业图纸跟不上，会影响生产进度
设备	设备配置不足或设备正常维修等，也会影响正常生产
品质	个别工序生产的产品品质有问题，会造成返工、补件等情况，使生产速度放慢
人员	个别工序的作业人员不足
突发事件	人员离职、安全事故、自然灾害等突发事件，也会使生产中断

3.查找瓶颈的方法

查找瓶颈的方法如表5-2所示。

表5-2　查找瓶颈的方法

序号	方法	具体说明
1	观察法	班组长现场查看车间的每一道工序和每一台设备，如果某个设备前堆积着很多待加工的半成品，那么该设备就有可能是瓶颈
2	5S管理	企业可以先进行5S管理，让现场井然有序，这样很容易发现瓶颈

续表

序号	方法	具体说明
3	IE工程学	IE工程学又叫工业工程学，是关于工程分析、动作分析、时间分析、平衡率分析和搬运分析的学科。班组长可通过计算每一道工序的作业时间，来推断瓶颈的位置

4.生产瓶颈问题的解决办法

对于产生的生产瓶颈问题，班组长可采取表5-3所示的办法。

表5-3　生产瓶颈问题的解决办法

序号	解决办法	具体说明
1	调整生产计划	班组长应灵活调整生产计划，优先处理关键产品或工序，以确保整体生产进度
2	优化资源配置	针对设备瓶颈问题，班组长可以协调资源，增加设备投入或提升设备利用效率。对于原材料供应瓶颈，班组长可与采购部门紧密合作，确保原材料及时供应
3	提升员工业务技能	针对生产人员素质瓶颈，班组长应定期组织培训，提高操作人员的技能水平和工作效率
4	采用外包生产方式	班组长可以采用外包生产方式，缓解内部生产压力，突破瓶颈限制

小提示

班组长应具备敏锐的观察力和分析能力，及时发现并解决生产过程中的瓶颈问题。

5.生产瓶颈的预防

（1）持续改进生产流程。班组长应定期评估生产流程，识别并优化其中的薄弱环节，以减少未来出现瓶颈问题的可能性。

（2）建立备用库存。针对关键设备和原材料，班组长可设立合理的备用库存，以应对突发情况，避免生产中断。

三、严格控制生产进度

生产进度落后会直接影响交货期，所以班组长应对生产进度进行严格控制。

1.控制进度的方法

（1）设置进度看板。在生产现场显眼的地方设置一个"生产进度看板"，把预定目标及实际生产数据标示出来，以便于大家实时掌握生产进度。

（2）检查各类报表。在追踪生产进度的过程中，班组长应及时查看现场以及相关人员递交的各类表格，如生产量日统计表、作业日报表等。

（3）使用进度管理箱。为了掌握整体的生产进度，班组长可以考虑使用进度管理箱。设计一个有 60 个小格的敞口箱子，每一个小格代表一个日期。每行的左边三格放生产指令单，右边三格放领料单。作业人员抬头一看，就能发现生产进度是否落后了。

2.进度落后的处理

（1）调整班次，安排人员加班、轮班。

（2）生产外包。对于不着急的订单可以外包给其他厂家，这样企业可以集中精力处理紧急订单。

第二节　交期管理措施

作为班组长，怎样才能做好交货期的管理呢？可采取以下措施。

一、严格执行生产计划

班组生产计划执行的效果，直接影响其他部门的工作，比如，塑胶部件班组的生产，直接影响装配线的工作。所以，班组长接到生产计划时，一定要认真阅读，准确理解，带领班组高效准确地完成生产任务。

1.执行生产计划的要点

执行生产计划的要点如表 5-4 所示。

表 5-4　执行生产计划的要点

序号	执行要点	具体说明
1	明确生产计划	（1）班组长应与各部门密切沟通，及时、准确地了解生产计划 （2）详细了解生产目标、生产数量、生产时间等关键信息，并准确无误地传达给班组的每一位成员
2	细化生产任务	（1）将总体生产计划细化为每日、每周或每月工作任务 （2）对班组成员合理分工，明确每个人的职责和目标

续表

序号	执行要点	具体说明
3	监督生产进度	（1）建立有效的监督机制，实时追踪生产进度 （2）利用生产管理软件或看板系统将生产进度可视化，以便及时发现问题
4	有效沟通与协调	（1）班组长应与上级领导、其他部门以及班组成员之间保持良好的沟通 （2）及时报告生产进度、遇到的问题以及需要的帮助，确保信息传递顺畅
5	遇到问题快速应对	（1）遇到问题时，班组长应迅速作出反应，采取措施 （2）如果生产计划需要调整，班组长应与各部门沟通，共同确定可行的生产计划
6	激励与团队建设	（1）班组长应通过多种方式激励班组成员，以提高团队的积极性 （2）加强团队建设，提升团队凝聚力和向心力
7	持续改进与评估	（1）定期评估生产计划的执行情况，并广泛收集班组成员的意见 （2）根据评估结果和意见反馈，改进生产流程和作业方法，以提高生产效率和生产计划的可执行性

2.执行计划的注意事项

（1）在执行生产任务时，应尽量减少模型转换的次数。若生产计划中段涵盖多个产品模型，班组长应确保生产的连贯性，将模型转换的次数降至最少。

（2）优先生产容易的产品。正如考生优先解答简单题目一样，生产环节也应如此。如果条件允许，班组应优先完成那些易于达成目标的任务，以缓解工作压力，为复杂生产预留更多精力。

（3）让合适的人做擅长的事。作为班组长，应全面了解员工特点，掌握员工的业务水平。对新员工，可分配简单的工作，帮助其积累经验；对熟练员工，可委以重任，挑战高难度任务。

（4）与各部门紧密协作，达成共识。虽然产品制造主要由生产部门负责，但品管、工程技术、物料等部门的支持同样不可或缺。只有各部门团结协作，才能确保生产计划顺利完成。

二、加强流水线作业管理

流水线作业就是通过某种形式将多个独立的个体有机地联系在一起，统一频率和速度，确保高效生产。

1.流水线作业的特点

流水线作业的特点如表 5-5 所示。

表 5-5 流水线作业的特点

序号	特点	具体说明
1	专业化分工	流水线将生产过程分解为多个工位，每个工位负责特定工序，极大提高了生产效率和产品质量
2	工作连续稳定	产品在流水线上按固定节拍单向移动，形成连续、规律的生产流程，相邻两件制品的出产时间间隔保持一致
3	工序协调	工序间能力匹配，各阶段的生产协调一致
4	难以应对市场变化	流水线作业通常只针对一种或一类产品，一旦市场需求发生变化，流水线生产很难应对
5	工作乏味	流水线的工作比较单调，长期重复单一动作，容易导致人员技能退化、产生疲劳感，降低了工作积极性和安全性

2.流水线作业管理的要点

（1）定期检查设备，确保设备始终处于良好状态；并对关键设备进行预防性维护，如润滑、清洁、紧固等，减少故障停机时间。

（2）优化物料领取流程，减少物料等待时间和搬运成本，确保物料配送及时，减少半成品堆积。

（3）定期对输送带进行清洁，去除油污、灰尘等。注意使用合适的清洁工具和清洁剂，以免对输送带造成损伤。对于易粘连的物料，要采取特殊措施。

（4）根据生产计划和产品特性，合理调节输送带的速度，与生产节拍相匹配，确保生产过程稳定顺畅。

（5）用不同颜色或标记来区分不同生产线或不同产品的输送带。定期检查输送带的连接处与转弯处，确保其牢固可靠。同时定期对输送带进行维护和更换，防止因老化、磨损等导致故障。

（6）在生产线上设置明显的物料摆放区域，物料拿取遵循"左进右出"的原则。同时优化物料搬运路径与搬运工具，以减少搬运次数和距离。

（7）采用现场示范、视频教学、理论讲解等方式，定期对员工进行培训，确保员工熟练掌握流水线作业的流程。

三、及时处理生产异常

生产异常在生产过程中比较常见，班组长应及时掌握异常状况，并采取妥善的措施，以确保生产任务顺利完成。

1.了解生产异常

生产异常具有很大的偶然性。在生产现场，计划变更、设备异常、物料供应不及时（断料）等都会使生产异常。班组长可通过以下途径掌握现场的异常情形，如图5-1所示。

1 查看异常管理看板

2 查看生产进度跟踪表，将实际产量与计划产量对比，可以了解其中的异常

3 通过现场巡查，也可以发现问题点

图 5-1　掌握现场异常情形的途径

2.处理生产异常

班组长发现生产异常后，应在第一时间进行处置，具体措施如表5-6所示。

表 5-6　生产异常的处置措施

序号	异常情形	处置措施
1	生产计划异常	（1）合理调整生产计划，以确保生产效率稳定，总产量保持不变 （2）做好余留成品、半成品、原物料的盘点、入库、清退等工作 （3）将暂时闲置的人员灵活调配到其他工序或环节 （4）安排专人快速做好物料、设备更换等工作
2	物料异常	（1）如物料短缺时间较短，可安排闲置人员开展前加工、整理整顿或其他零星工作 （2）如物料短缺时间较长，可考虑变更生产计划，安排其他产品生产
3	设备异常	（1）立即通知技术人员协助排查故障 （2）安排闲置人员开展整理整顿或前加工工作 （3）如果设备故障需较长时间排除，应考虑变更生产计划
4	制程品质异常	（1）协助品管部、责任部门一起研究对策 （2）对策实施前，可安排闲置人员开展前加工或整理整顿工作 （3）异常暂时无法排除时，应向管理者反映，考虑变更生产计划
5	设计工艺异常	（1）通知工程技术人员前来处理 （2）短时间内难以解决的，应向管理者反映，并考虑变更计划
6	水电异常	（1）通知行政后勤人员迅速处理 （2）闲置人员可安排到其他岗位

如果异常工时在 10 分钟以上，作业人员应填写生产异常报告单，如表 5-7 所示，注明生产批号、产品规格、异常发生部门、发生日期、异常描述、异常工时、临时对策、责任部门等内容。

表 5-7　生产异常报告单

生产批号		生产产品		异常发生部门	
发生日期		起止时间		自　时　分至　时　分	
异常描述			异常数量		
停工人数		影响程度		异常工时	
紧急对策					
填表单位	主管：　　　　　审核：　　　　　　　填表：				
责任部门对策					
责任单位	主管：　　　　　审核：　　　　　　　填表：				
会签					

第三节　交期管理细节

班组长在交货期管理中扮演着举足轻重的角色。他们的决策和行动直接影响企业的生产效率、客户满意度以及成本控制等多个方面。因此，班组长在交期管理中应注意以下问题的处理。

一、处理好紧急订单

在生产过程中，经常会遇到计划外的订单。

班组长应合理安排，与各部门有效协调，做好紧急订单的处理，具体如图 5-2 所示。

1 根据订单的紧急程度安排生产

2 与现有订单进行协调，优先安排紧急订单的生产

	3	安排加班、轮班，确保紧急订单的生产

	4	安排专人对急单的生产进行跟踪，实时掌握生产进度

图 5-2　紧急订单的处理

二、生产计划延期的补救措施

由于物料供应不及时、机器故障等原因，经常导致生产计划延期，从而影响交货期。班组长应及时想办法补救，具体步骤如表 5-8 所示。

表 5-8　生产计划延期的补救措施

序号	措施	具体说明
1	分析生产延期的原因	班组长和管理层应对生产延期的原因进行分析，找出问题点，如设备故障、停电、物料短缺等，以便制定有针对性的处置措施
2	与客户积极沟通	及时与客户沟通，说明原因，并协商解决方案，如分批配送、委托生产等，以满足客户的需求
3	采取补救措施	包括重新安排生产、安排人员加班等
4	总结经验	对此次生产延期进行总结，持续改进生产流程，避免类似问题重复发生

小提示

在安排加班时，尽量不要将生产任务集中到一天或几天完成，应合理安排工作时间，可以每天安排 1~2 小时加班。

三、客户更改交货期的应对

如果客户要更改交货期，班组长应及时与相关部门进行沟通，合理调整生产计划，尽量保证按期交货。

1.调整生产进度

根据客户要求的交货期，调整生产进度，并填写生产进度调整通知单，如表 5-9 所示，告知全体班组成员。

表 5-9　生产进度调整通知单

日期：_____年___月___日　　　　　　编号：

订单号	品名	类别	投料/日期	完工/日期	数量	备注
		原进度				
		修改进度				
		原进度				
		修改进度				
		原进度				
		修改进度				
生产主管：			承办：			

2.安排生产

如果客户交货期提前，班组长应向员工说明情况，并安排加班，对于不急、不重要的订单可以延后生产。如果交货期延后，则可以调整生产计划，优先生产其他订单，但必须保证客户订单能按期交货。

第六章

生产质量管理

第一节　质量管理要求

班组是企业生产的前沿阵地，是各项工作的具体实施部门，同时也是企业质量保证的基石。班组长应注重班组质量控制与质量提升，带领团队成员，共同追求卓越，实现高质量、低成本的生产目标。

一、全员参与质量管理

质量管理是企业稳定发展的重要保障，也是提升企业竞争力的关键因素。企业应倡导全员参与质量管理，努力提高员工的责任感和工作积极性，增强企业的整体竞争力，促进企业持续发展。

QC 小组活动是全员参与质量管理的最好形式。班组长在生产过程中应充分发挥班组成员的智慧与潜能，积极开展专题攻关、创新与改革等活动，解决班组生产中存在的问题和难点，从而提高工作效率和产品质量。

QC 小组人员不宜过多，一般以 3～10 人为宜。QC 小组活动可按以下步骤开展，具体如图 6-1 所示。

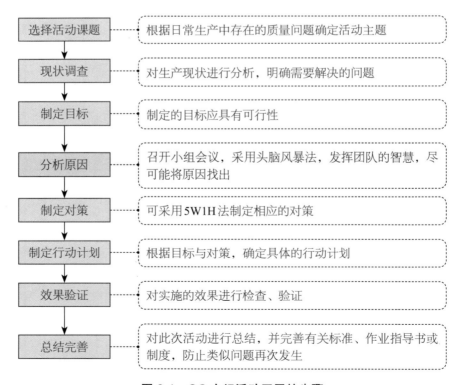

图 6-1　QC 小组活动开展的步骤

二、实施岗位质量负责制

岗位质量负责制是提高产品质量的有效途径，在生产过程中班组全员必须严格执行。班组长应将质量负责制的执行情况与员工工资挂钩，推动班组对产品质量进行自我控制、自我检查、自我保证。

1.班组长的质量责任

班组长是班组质量管理的领导者，必须发挥模范带头作用，具体的质量责任如图 6-2 所示。

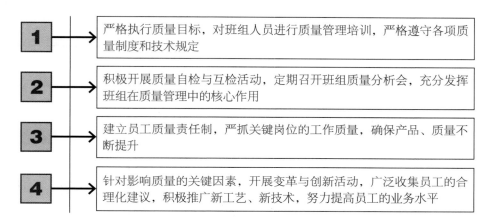

图 6-2　班组长的质量责任

2.作业人员的质量责任

班组作业人员是质量控制的直接执行者，质量责任主要包括如图 6-3 所示的几方面。

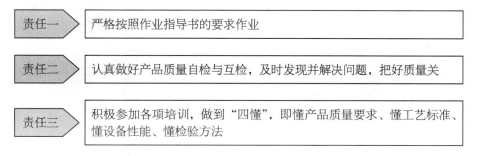

图 6-3　作业人员的质量责任

三、强化班组质量培训

班组长作为班组的管理者，应做好班组成员的质量培训工作。

1.班组质量培训的内容

班组质量培训的内容如表 6-1 所示。

表 6-1　班组质量培训的内容

序号	内容	具体说明
1	质量管理理念	通过案例分析、实践操作等方式，让员工认识高质量产品对企业声誉、客户满意度及个人职业发展的积极影响，牢固树立"质量第一"的理念
2	品管知识	包括质量标准、程序文件、作业指导书、质量管理工具、持续改进方法等内容
3	业务知识	包括岗位知识、法律法规、政策标准以及业务流程等内容，以提升员工的业务水平和工作效率

2.班组质量培训的重点

对班组成员进行质量培训时，应做好以下工作。

（1）将质量手册内容细化，与具体作业相结合。

（2）将企业的质量方针进行说明，并制定本班组的具体工作目标。

（3）使用看板，公布品质信息，对班组生产存在的各类品质问题实行透明化管理。

某公司质量方针与品质目标的看板展示如图 6-4 所示。

图 6-4　某公司质量方针与品质目标的看板展示

第二节　质量管理措施

产品的质量，决定着企业的生存和发展，因此，班组长应采取各种措施，抓好班组的质量管理。

一、做好工艺管理

工艺管理就是在产品生产过程中，针对产品质量控制的各种影响因素而制定的具有约束力的规范与准则。工艺管理的主要内容如图 6-5 所示。

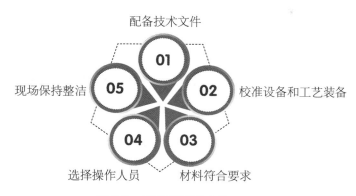

图 6-5 工艺管理的内容

1.配备技术文件

技术文件是工艺管理的一项重要内容，直接影响班组生产和产品品质。

（1）技术文件的种类。根据生产特点，与工艺管理有关的技术文件主要包括两类：第一类，产品图样和技术标准。第二类，工艺文件，包括工艺流程图、工艺分析资料、工艺方案、工序操作卡等。

（2）技术文件的要求。在配备各类技术文件时，要做到正确、完整、一致，具体要求如表 6-2 所示。

表 6-2 技术文件的要求

序号	基本要求	具体说明
1	正确	（1）图纸、尺寸精度、尺寸链、形位公差及标注方法等，应准确无误 （2）工艺流程应合理，能准确指导生产和操作，确保产品质量稳定
2	完整	（1）种类齐全，根据具体的生产作业配备相应的文件 （2）内容完整，包括必要的文字、图示、符号等
3	一致	（1）产品图样、技术标准与工艺文件应一致 （2）工艺文件与工艺装备图应一致

2.校准设备和工艺装备

设备和工艺装备是班组稳定生产优质产品的基石。设备和工艺装备的完好状态，直接影响产品的质量。

除设备或工艺装备型号应符合工艺文件要求外，所有生产设备和工艺装备均应保持良好的运行状态，满足生产技术要求。量具、检具与仪表应定期检定，确保量值统一，精度合格。不合格设备和工艺装备，不能用于生产和检验。校准好的设备和工艺装备不能随意拆卸、移动。

3.材料符合要求

（1）材料品质、规格符合工艺要求。

（2）在作业现场装卸、搬运和移动材料时，应确保材料完好。

4.选择操作人员

班组长应根据作业需要选择具有相应资质的操作人员，具体要求如图6-6所示。

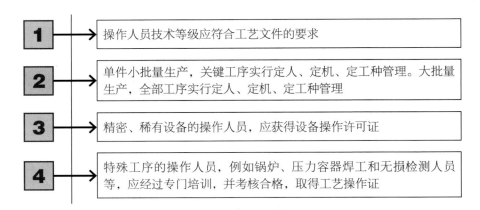

图6-6　选择操作人员的要求

5.现场保持整洁

工作现场应保持整洁有序。

（1）清扫现场的所有区域，包括设备、工作台、地面等。

（2）保持作业现场通道畅通。

（3）在制品按要求堆放，并放置在专门区域。

二、积极推行"三检制"

质量"三检制"指的是操作人员自检、员工之间互检和检验人员专检相结合的一种品质检验制度。这种检验制度有利于提高员工的品质意识，降低生产成本，提高产品质量。

1.自检

（1）自检就是操作人员对自己加工的产品，根据工序品质标准自行检验。

（2）自检的显著特点是，检验工作和生产过程基本同步。

（3）通过自检，操作人员可以及时发现产品的品质问题以及不良工序，并采取有效措施。

（4）自检是操作人员参与品质管理、落实品质责任制的重要形式，也是"三检制"的基础。

自检进一步可分为"三自检制"，即操作者"自检、自分、自记"，具体如表6-3所示。

表 6-3　操作者"自检、自分、自记"

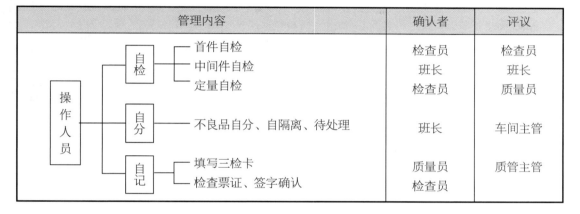

管理内容		确认者	评议
操作人员	自检 — 首件自检 　　　中间件自检 　　　定量自检	检查员 班长 检查员	检查员 班长 质量员
	自分 — 不良品自分、自隔离、待处理	班长	车间主管
	自记 — 填写三检卡 　　　检查票证、签字确认	质量员 检查员	质管主管

"三自检制"可以防止不合格品流入下一道工序，及时消除异常因素，避免产生大批不良品。

2.互检

（1）互检就是作业人员之间相互检验。通常包括下道工序对上道工序流转过来的在制品进行抽检；同一工序换班时的相互检验；班组长对班组人员加工的产品进行抽检等。

（2）互检是对自检的补充和监督，有利于员工之间相互交流，共同提升。

3.专检

（1）专检就是由专业检验人员进行的检验。专业检验人员熟悉产品技术要求和工艺标准，经验丰富，技能熟练，因此，检验结果比较可靠。

（2）专业检验人员和受检对象无直接利害关系，检验过程和结果比较客观公正。所以，"三检制"以专业检验为主。

（3）专业检验是现代企业提升产品品质的关键环节，已成为一项必要的措施。

三、加强4M1E管理

1.什么是4M1E

在生产加工中，同一操作人员在同一工序使用相同的材料和设备，按照统一标准与工艺加工出来的同一种零件，质量特性不一定完全一样，这就是产品质量的波动。引起质量波动的主要因素是人（Man）、机器（Machine）、材料（Material）、工艺方法（Method）和环境（Environment），简称为4M1E，具体如表6-4所示。

表6-4　4M1E具体内容

因素	具体说明
Man（人）	任何产品加工都离不开人的操作，即使最先进的自动化设备，也需由人去操作和控制
Machine（机器）	机器设备的精度、性能是保证工序产出合格产品的主要因素之一
Material（材料）	制造产品所需的材料如果质量不稳定或不符合要求，那么产品的质量也会受到影响
Method（工艺方法）	工艺方法是加工制造的关键，正确的加工方法可以生产出合格的产品。不严格贯彻执行正确的工艺方法、违反工艺规程容易造成产品质量波动
Environment（环境）	环境是指生产现场的温度、湿度、振动、噪声、照明、卫生等。由于产品生产的工序不同，所需的环境条件也不相同，所以，企业应为生产现场设置适宜的环境条件

2.4M变更的原因

4M变更的主要原因如图6-7所示。

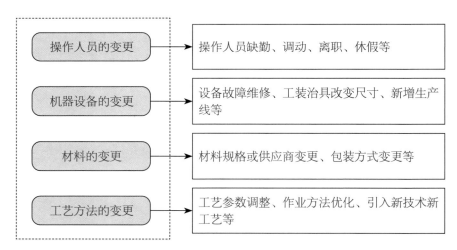

图6-7　4M变更的原因

3.4M变更的处理方法

一般来说，4M变更的处理方法如表6-5所示。

表 6-5　4M 变更的处理方法

序号	变更类型	处理方法
1	操作人员变更	按作业指导书的要求对新员工进行培训，班组长每两个小时对新员工生产的产品进行质量确认，直至新员工业务达标
2	机器设备变更	机器设备工装夹具变更后，应对首件产品进行严格检验，确认质量合格后方可进行大批量生产
3	材料变更	分析材料变更对产品质量、性能的影响，制定完善的变更计划，并对作业人员进行培训，同时对首批交付产品进行严格检查
4	工艺方法变更	工艺方法变更后应修改作业指导书，并对员工进行培训，确保作业人员熟练掌握新工艺方法

4.变更后产品质量的确认

4M 变更后，各部门应按照变更申请书的内容进行质量确认，并将结果记录在"变更确认表"中，归档留存。

四、开展质量巡回检查

班组长在生产现场一定要定时对制造工序进行质量巡回检查，以便第一时间发现并解决问题。

1.检查内容

质量巡回检查时，不仅要抽检产品，还应检查影响产品质量的生产因素，如人、机器、材料、工艺方法、环境。

（1）操作人员是否按照作业指导书的要求进行生产。

（2）设备、工具、工装、计量器具有无定期检查、校正、保养。

（3）物料和零部件的摆放、搬运及拿取是否正确。

（4）不合格品是否有明显标识并放置在规定区域。

（5）产品的标识和记录是否可追溯。

（6）工艺文件（作业指导书之类）能否正确指导生产，工艺文件是否齐全并得到严格遵守。

（7）工作环境是否满足产品生产的需求，有无产品、物料散落在地面上。

（8）操作人员对生产中的问题是否采取了妥善措施。

（9）操作人员能否胜任工作。

（10）生产因素变更时（换机、换模、换料等）是否按要求通知质检员到场验证等。

2.巡检要求

（1）按照企业规定的频次和内容进行巡检，并填写现场巡检表，如表6-6所示。

表6-6　现场巡检表

工作台号：　　　　　班次：　　　　　组长：　　　　　日期：

生产工单	序号	生产时间	工单编号	产品/工模编号	产品名称	规格	型号	工单数量	生产数量
检查时间									
巡回检查记录	材料核对								
	模/夹具确认								
	工艺参数核对								
巡回检查记录	设备运行状态								
	有无QC签名								
	货品标识								
	货品摆放								
	不合格品标识								
	不合格品隔离								
	员工作业状态								
	环境保护状态								
	品质状态								

不合格处理	序号	时间	不合格项目及说明	生产确认	处理措施	改善结果确认	备注

（2）同时把检验结果标注在工序控制图上。

3.问题处理

班组长在巡检中发现问题，应及时指导作业人员进行纠正。问题比较严重时，应向有关部门发出问题整改通知单，要求其及时改进。

第三节　质量管理细节

班组长在平时应注意细节管理，把好质量关，建立符合班组特性的质量管理机制，生产出符合客户要求的产品。

一、首件确认后再批量生产

对生产现场的第一件（或第一批）产品进行质量检验确认，可以避免批量性生产错误。通常情况下，每班或每次开始生产后产出的第一件产品为首件，如果首件检验合格，则说明目前的制程符合要求，可以批量生产；反之，则说明制程需要改进。至于需要检验的首件产品的数量是多少，可根据生产特性来确定，一般是 5 件。

1. 首件的产生

各班组应把每天或每个机种开始生产的前 5 件产品送质量部检查。如果存在不合格品或严重不良，则说明目前的制程不良，不能批量投入生产。

2. 首件的管理

首件产品经质量部判定合格后，由班组长接收确认，连同检查表一起放在现场的首件专用台上。首件产品要按程序文件规定的方式去管理，主要管理事项包括签收、贴标签、建台账、更改、承认、发出等。

3. 首件检验的目的

首件检验的主要目的是，确保生产过程的稳定性和产品的一致性，尽早发现生产过程中影响产品质量的因素，预防批量性不良或报废等情况发生。

二、执行"三不原则"

"三不原则"是许多企业的品质方针或品质目标，具体内容如表 6-7 所示。

表 6-7　三不原则的具体内容

序号	三不	具体说明
1	不接受不合格品	不接受不合格品是指员工在生产之前，先对前道工序转来的产品进行检查，一旦发现问题，则拒绝接收，并及时反馈给前道工序。前道工序人员收到反馈应马上停止加工，追查原因，采取措施，使品质问题得到及时纠正

续表

序号	三不	具体说明
2	不制造不合格品	不制造不合格品是指接到前道工序的合格品后,严格按照规范进行作业,并随时检查作业过程,发现问题及时处理,减少产生不合格品的概率
3	不流出不合格品	不流出不合格品是指员工完成本工序加工后,应检查确认产品质量,一旦发现不合格品,必须及时停机,在本工序内完成不合格品的处置

三、做好换线管理

换线即在短时间内变更体制,此时可能会因为忙乱而导致发生质量问题。以下以组装生产线的切换为例来进行说明。

1.切线的标识

通常情况下,流水线上某个产品全部生产完毕后,停止整条流水线,再布置其他产品的生产,这也称为休克式换线法。这种换线方法非常稳妥,但浪费了时间,降低了效率。较好的方法是不停线切换,即在第一件换线产品上标注"产品切换"字样,那么这件产品就与前面的产品区分开来,从而提醒下一道工序员工采用不同的方法来处理。

2.首件确认

换线后应对生产出来的第一件产品的形状、外观、参数、规格、性能等进行全面检查,可以是质检人员检查,也可以是工艺人员或者班组长确认,以便及时发现质量性缺陷,采取措施纠正。

3.不用品的处理

首件确认合格后,意味着换线成功,可以继续生产。但是对撤换下来的物料不可轻视,应根据使用频率进行放置,具体如表6-8所示。

表6-8　不用品的放置

序号	使用频率	放置场所
1	当天使用的	生产线附近的暂放区
2	三天内使用的	生产线存放区
3	一周内使用的	仓库暂放区
4	一月内使用的	重新入库,下次优先使用
5	一月以上使用的	重新包装后入库

四、做好现场不良品管理

为了确保不良品在生产过程中不被误用，企业所有的外购品、在制品、半成品、成品以及待处理的不良品等，均应有相应的质量标识。

1.选择标志物

不良品的标志物主要有以下几种。

（1）标志牌。它是由木板或金属片做成的小方牌，悬挂在物品的外包装上加以标识。

根据企业生产需求，标志牌可分为"待验牌""暂收牌""合格牌""不合格牌""待处理牌""冻结牌""退货牌""重检牌""返工牌""返修牌""报废牌"等。标志牌主要用于标识大型货物或成批产品。

（2）标签或卡片。通常也称为"箱头纸"，上面会注明物品名称、规格、颜色、材质、来源、工单编号、日期、数量等内容。质检员检验后，会根据检验结果在标签或卡片的"品质"栏内盖上相应的 QC 印章。

（3）色标。色标通常为正方形（2 厘米 ×2 厘米）的有色粘贴纸。它可直接贴在货物表面，也可贴在产品的外包装或标签纸上。色标的颜色一般有绿色、黄色、红色三种，具体如表 6-9 所示。

表 6-9　色标的意义及粘贴位置

序号	颜色	意义	贴置地方
1	绿色	受检产品合格	一般贴在货物表面右下角易于看见的地方
2	黄色	受检产品品质暂时无法确定	一般贴在货物表面右上角易于看见的地方
3	红色	受检产品不合格	一般贴在货物表面左上角易于看见的地方

2.不良品的处置

（1）生产现场的每台机器，每条装配线、包装线或每个工位旁一般都设有专门的"不良品箱"。

（2）对于员工自检或班组长巡检发现的不良品，员工应主动放入"不良品箱"中。待该箱装满或工单完成时，由专职员工清点数量。

（3）在"不良品箱"的外包装指定位置贴上"箱头纸"或"标签"，由部门质检员盖上"不合格"印章后，搬到现场划定的"不合格摆放区"整齐摆放。

（4）各生产现场和楼层要划定一定面积的"不良品摆放区"，用来摆放从生产线上收集来的不良品。

（5）所有"不良品摆放区"均要用有色油漆进行画线和文字注明，区域面积视不良品的数量而定。

图 6-8 为某车间不合格品存放点示例。

图 6-8　某车间不合格品存放点

3.不良品控制

"不良品摆放区"内的物品，在没有质量部的书面通知时，任何部门或个人不得擅自处理。不良品的处置必须由质量部进行监督。

4.不良品记录

班组长或质检员应将当天产生不良品的数量进行如实记录，同时对当天送往"不合格摆放区"的不良品进行分类，并详细填写不良品隔离管制统计表（见表 6-10），签字确认后交质量部存档。

表 6-10　不良品隔离管制统计表

生产部门/班组：　　　　　　　　　　　　　　日期：

品名/规格	颜色	编号	工位	不良品变动			区域编号	备注
				进	出	存		

生产部门：　　　　　　　　　　　　质检员：

五、注意特殊工序

特殊工序是指制造过程中具有特殊特性的工位。特殊特性是指产品制程中比较关键或特殊的指标，通常包括产品特殊特性和过程特殊特性。

1.特殊工序辨识

以下工序属特殊工序。

（1）不能通过后续检验和试验来验证效果的工序。

（2）缺陷在后续生产过程中或产品使用后才显露出来。

（3）不易测量或检验的工序，需实施破坏性测试或昂贵测试才能得到验证的工序。

2.特殊工序管理

特殊工序的管理，具体如表6-11所示。

表6-11 特殊工序的管理

序号	管理方法	具体说明
1	连续监控	（1）利用仪器全程监控各项指标，如温度、速度、电压和电流等 （2）自动探测产品的规格 （3）对该工序出来的产品进行百分百检验 （4）对该工序中的特殊特性实施统计管理 （5）该工序出现问题时应优先处理
2	资质人员管理	（1）把该工序交给有资质的人员去完成 （2）对授权过程进行管理和控制，以确保人员资质的有效性 （3）通过考核、评定，对现场作业人员进行资格鉴定，并授予资格证书

第七章

生产安全管理

第一节 安全管理要求

班组是企业安全的第一道防线，班组安全管理是企业生产安全的重要保障。

一、明确班组安全责任

企业里，大部分事故都发生在班组，因此，班组是事故的主要"发源地"。只有班组安全工作做好了，整个企业的各项安全管理措施才能落到实处，安全管理才能收到实效。如果班组长管理不善或责任心不强，对违章违纪听之任之，发生事故的概率将大大增加。

1.班组长的安全责任

安全管理工作必须紧紧围绕生产第一线，这也是企业实现安全生产的基石。班组长作为安全管理的关键人物，应做好下列工作。

（1）坚持"安全第一，预防为主"的核心理念，遵循"管生产必须管安全"的原则，落实企业各项安全生产措施，对班组安全生产全面负责。

（2）组织开展安全知识与操作技能培训，包括新员工岗前培训、定期安全教育和应急演练等，促进员工积极主动地遵守安全生产法律法规、操作规程，提高员工的安全意识和自我保护能力。

（3）建立健全班组安全生产规章制度、岗位安全操作规程，推动安全生产制度化、标准化、规范化。定期对班组安全生产进行评估，查找不足和漏洞，确保安全生产各项制度得到有效执行。

（4）识别班组风险点、危险源和有害因素，实施分级管理；针对可能的突发事件，制定详细的应急预案，明确应急响应流程、救援措施、人员分工等内容；建立事故隐患排查治理制度，定期开展隐患自查自纠，对隐患进行闭环管理。

（5）加强班组建设，提升班组管理水平。使作业现场保持整洁有序，实现文明生产，为班组营造一个安全、和谐、高效的工作环境。同时，积极开展安全知识竞赛、表彰先进等活动，激发员工安全生产的积极性。

2.班组成员的安全责任

（1）牢固树立"安全第一，预防为主"的安全意识，严格遵守企业的各项安全规章及操作规程，正确使用设备及防护设施。

（2）每日工作前，认真完成班前准备，仔细检查设备、工具及安全防护装置的状态，一旦发现问题，立即向班组长报告，以确保作业环境的安全高效。

（3）严格执行交接班制度，交班前对班组安全生产状况进行全面检查，包括设备运行状态、作业环境等，并详细记录检查结果，确保信息准确无误。

（4）积极参加各类安全教育与操作技能培训，熟悉各项安全管理制度、应急处置预案的内容，不断提升自身的安全意识与应急处置能力。

（5）正确穿戴并合理使用劳动保护用品，对同事的违章作业行为主动规劝；面对违章指令，有权拒绝，并向上级领导及班组长报告。

（6）保持工作区域整洁有序，及时清理杂物，确保物品堆放合理，通道畅通无阻。

（7）如发生安全事故，应立即采取应急预案，并第一时间向相关领导及班组长报告，同时保护好现场，积极配合事故调查。

二、制定班组安全目标

安全生产目标是安全生产所要达到的预期目的，通常以千人负伤率、万吨产品死亡率、尘毒作业点合格率、噪声作业点合格率和设备完好率等指标来表示。

1.制定班组的安全目标

企业制定总体安全生产目标以后，应自上而下层层展开，分解到各部门、车间、班组和个人，形成一个个人保班组、班组保车间、车间保厂部，层层互保的体系。班组长应根据班组实际情况，制定适合自己的班组安全生产目标，并落实到班组每一位员工。

2.采取措施实现安全目标

制定了安全生产目标后，班组长就应采取具体的措施来达成该目标。

（1）班组安全管理事项分配。班组安全生产需要班组全员参与。班组长应将安全生产的具体事项分配给每一位员工。表7-1所示是某企业班组安全管理事项分配一览表，仅供参考。

表7-1　班组安全管理事项分配一览表

状态	事项	工作内容	责任人
日常管理	1.灭火器材点检	（1）灭火器在有效期内，消火栓、水带无破损 （2）消防器材无灰尘、锈迹	杨××
	2.化学物品保管	化学物品保管在铁柜内，无泄漏	张××
	3.设备安全装置点检	所有安全装置有效，定期注油、防锈	林××
	4.插座、电源开关点检	无破损、无漏电，接触良好	周××
	5.劳保用品管理	用品数量充足，种类齐全	张××
	6.空调、抽风机点检	运转正常	彭××

状态	事项	工作内容	责任人
火灾发生时	1. 报告	发出报警信号，并向上级报告	杨××、张××
	2. 切断电源	切断车间设备电源	林××、周××
	3. 组织灭火	火势初期，迅速组织义务消防队员运用各种手段灭火；如火势不受控制，应及时撤离	张××、彭××、罗××、孙××
	4. 物资转移	转移现场重要物资、文件等，如果情况紧急，应放弃转移，及时撤离	贾××、邓××
	5. 人员疏散、清点	指挥人员疏散到安全地点，清点人数后向上级报告	刘××、李××

以上只是职责分工表，日常的点检表、紧急状态处置措施会有更详细的描述，在此就不一一列出。另外，车间的消防器材分布图、逃生路线图、紧急情况联络图等都应当张贴在明显的位置，以便员工知晓。

小提示

员工亲身参与实际的安全管理工作，他们的安全意识、安全技能才能得到有效提高。优秀的班组长还应将安全管理事项分工在员工中进行轮换，使全员的安全技能得到整体提高。

（2）强化员工自我驱动意识，激励每位员工深挖潜能，积极创新，主动设定个人目标及行动方案，确保班组目标得到有效实现。

（3）建立全面的监督与评估机制，运用视频监控、传感器监测等科技手段，对生产过程进行实时监控，确保安全生产按照既定的目标运行；针对偏离预定轨道的行为，迅速识别并加以纠正。

（4）构建高效的信息管理平台，确保上级指令及时传达至班组成员，同时汇集班组员工反馈的意见与建议，实现信息即时双向流通。这样不仅有利于上级对下属实施精准指导与监管，也能让下属及时掌握变化情况，及时作出判断并采取对策，实现自我管理和自我控制。

（5）配置必要的安全设施，包括消防设施、安全防护设备等，确保生产现场的安全设施符合相关标准和要求。同时加强安全设施维护，确保其始终处于良好状态。

三、树立全员安全意识

有调查显示，事故发生的人为因素中，安全意识占比90%多，而安全技术水平占比不到10%。企业90%的精力用在占比10%的安全技术水平上，只有不到10%的精力用在占比 90% 的安全意识上。因此，班组长应具备较强的安全意识，注重员工安全意识的提升，具体措施如图 7-1 所示。

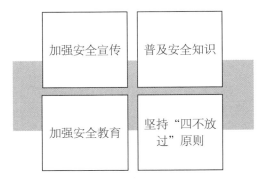

图 7-1　提高员工安全意识的措施

1.加强安全宣传

班组长应全力推进安全生产宣传工作，构建一个"安全生产，人人有责"的生产环境。通过多渠道、多形式的宣传手段，如举办安全讲座、发布安全公告、开展安全知识竞赛等，将安全生产的重要性深深植根于每位员工心中。同时，利用海报、横幅、电子显示屏等媒介，广泛传播班组安全理念，确保每位员工都能深刻认识到安全是企业生存发展的基石。

2.普及安全知识

班组长应积极采取措施，确保所有员工都能熟练掌握必要的安全知识与技能。通过举办安全教育培训班、发放安全手册、建立在线学习平台等多种方式，系统地向员工传授安全生产知识、操作规程、应急处理措施等内容。同时，鼓励员工参与模拟演练、实操训练，以提升紧急情况下的应对能力，确保在面临潜在安全风险时能够迅速、准确地采取行动，保护自己和他人的安全。

3.加强安全教育

为构建更加稳固的安全防线，班组长应加强安全教育体系建设：制定详尽的安全教育计划，涵盖新员工入职培训以及在职员工定期复训。通过专家讲座、案例分析、互动讨论等形式，加强安全法规、操作规程及事故预防措施的培训，确保每位员工都能深刻理解安全生产的重要性和紧迫性。同时建立安全教育考核机制，将学习成果与个人绩效挂钩，激励员工主动学习安全知识，形成良好的安全氛围。

4.坚持"四不放过"原则

"四不放过"原则如图 7-2 所示。

图 7-2　"四不放过"原则

（1）事故原因不查清不放过：对事故进行彻底调查，找出事故发生的真正原因，不能敷衍了事，也不能把次要原因当成主要原因。只有彻底查清事故原因，才能制定有效的整改措施。

（2）责任人员未处理不放过：根据事故调查结果，对相关责任人员进行严肃处理，这是安全事故责任追究制的具体体现。处理责任人员的目的是起到警示作用，增强相关人员的安全意识，避免类似事故再次发生。

（3）整改措施未落实不放过：针对事故原因，制定有效的整改措施，并确保整改措施得到严格落实，以消除事故隐患，确保安全生产。

（4）有关人员未受到教育不放过：通过教育和培训，提高相关人员的安全意识和操作技能。事故教育不能仅限于事故责任人和直接参与者，应扩大到全体员工，让大家都能从事故中吸取教训。

第二节　安全管理措施

班组长可以采取以下措施来做好安全管理工作。

一、开展班组安全检查

工作场所的人和物因素，需要定期检查，并加以改进或纠正，这就是安全检查。班组安全检查的内容如图 7-3 所示。

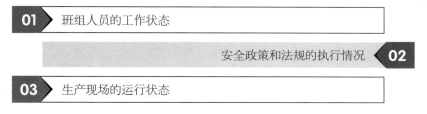

图 7-3　班组安全检查的内容

1.班组人员的工作状态

观察班组人员的工作状态：能否将"安全第一"的理念深植于心，能否熟练掌握安全操作技能和操作规程，能否严格遵守劳动纪律和生产规定，能否按照标准作业流程准确无误地完成生产任务，面对不安全行为能否主动纠正并制止，成员之间能否保持良好的沟通与合作。此外，还应关注班组人员是否正确、合理地穿戴和使用个人防护用品、用具。

2.安全政策和法规的执行情况

检查班组人员对国家安全政策和法规的了解程度，是否能在工作中贯彻执行。班组是否制定了安全生产目标，建立了安全生产责任制；班组的各项安全规章制度是否健全，并得到严格执行；是否坚持"四不放过"原则。特种作业人员是否经过严格培训、考核，并持证上岗。

3.生产现场的运行状态

（1）检查生产设备以及安全防护设施是否完备且状态良好，包括防护罩、防护栏（网）、保险装置、连锁装置及指示报警装置等。

（2）检查设备、设施、工具等的完好性，特别关注制动装置的性能是否可靠，安全间距是否合规，电气线路是否存在老化、破损现象。

（3）检查易燃易爆及剧毒物品的储存、运输、发放和使用是否安全合规、无泄漏；通风、照明及防火设施是否符合安全规范。

（4）检查生产场所是否存在安全隐患，登高扶梯、平台等是否符合安全标准，产品堆放、工具摆放、安全距离设置、操作者活动范围以及电气线路布局是否符合安全要求，重点区域的安全标识是否清晰完整等。

二、预防操作者人为失误

人为失误是指操作人员不按规定的步骤、时间和流程完成作业，从而导致机器、设备和系统损坏或生产过程中断。

1.操作者人为失误原因

（1）心不在焉。

（2）疲劳。

（3）身体状况不佳。

（4）对操作规程不熟悉。

（5）安全意识不强。

（6）读取仪表数据错误。

（7）对操作指令理解有误。

（8）心情不佳等。

2.采取预防措施

（1）合理安排工作和休息时间。班组长应合理安排人员值班，如采用轮班制，减少员工长时间连续工作的疲劳感，确保员工有足够的休息时间。

（2）提供舒适的工作环境。调整工作场所的温度、湿度、照明，为员工提供一个舒适和安全的工作环境。同时减轻噪声和污染，减缓员工的紧张感。

（3）进行适当的心理疏导。密切关注员工的心理状态，必要时进行适当的心理疏导，减轻员工的工作和生活压力。

（4）健康监督管理。定期对员工进行健康体检，及时发现员工的健康问题，同时让员工感受到企业的关怀，增强员工的归属感和忠诚度。

（5）培训与教育。根据员工的薄弱环节，开展有针对性的培训，不断提升员工的业务技能。同时建立激励机制，对业绩突出的员工给予奖励，以提高员工工作的积极性和准确性。

（6）优化工作流程。在关键步骤设置复核节点，如双人核对制，以确保操作的准确性和一致性。

第三节 安全管理细节

在安全管理方面，班组长应关注细节，确保各项安全制度得到有效执行，及时发现和消除安全隐患。

一、关注员工的工作状态

班组长应关注图 7-4 所示的员工工作状态，如果发现员工有不安全及违规行为，应及时采取措施处理，以确保工作安全、高效和合规。

有无忽视安全操作规程的现象

内容一

比如，人为损坏安全装置或弃之不用，冒险进入危险场所，对运转中的机械装置进行注油、检查、修理、焊接和清扫等

图 7-4

有无违反劳动纪律的现象

内容二 比如，在工作时间打闹、脱岗、睡岗、串岗、干私活；滥用机械设备或车辆等

有无误操作、误处理的现象

内容三 比如，在运输、起重、修理等作业时未对易燃易爆物品等进行了错误处理；使用了有缺陷的工具、器具、设备、车辆等

劳动防护用品的穿戴和使用情况

内容四 比如，进入工作现场是否正确穿戴防护服、帽、鞋、面具、眼镜、手套、口罩等；电工、电焊工等电气操作者是否穿戴绝缘防护用品、使用防毒面具等

图7-4 员工工作状态检查

二、监督员工正确穿戴劳保用品

劳动保护用品是生产过程中保障人员安全与健康的一种防御性装备，可有效减少职业危害。

但在实际生产中，许多员工认为劳保用品碍手碍脚，妨碍工作。因此班组长应严格要求班组成员，使穿戴劳保用品成为习惯。

在穿戴和使用劳保用品时，应注意以下事项。

（1）从事高空作业的人员，必须系好安全带。

（2）从事电工作业（或手持电动工具）的人员，必须穿绝缘鞋。

图7-5 焊接时要戴防护眼镜、面具、手套

（3）在车间或工地应按要求穿着工作服、工作鞋，不要敞开前襟、不系袖口等，以免造成机械缠绕。

（4）长发要盘入工作帽中。

（5）佩戴适当的护目镜和面罩，防止面部和眼睛受到伤害。

（6）正确佩戴安全帽，防止物体坠落撞击头部。

（7）正确使用防护面罩或面具（见图7-5），以防中毒或受伤。

相关链接 ‹···

劳动防护用品的种类

劳动防护用品在预防职业危害中，起到重要的防护作用。

劳动防护用品按照防护部位可分为十类，如下表所示。

劳动防护用品的种类

序号	类别	作用
1	安全帽	用于保护头部，防止撞击、挤压
2	呼吸护具	预防肺尘埃沉着病和其他职业病，按用途可分为防尘、防毒、供氧三类，按原理可分为过滤式、隔绝式两类
3	眼部防护护具	保护作业人员的眼睛、面部不受伤害包括焊接用眼护具、炉窑用眼护具、防冲击眼护具、微波防护具、激光防护镜以及防 X 射线、防化学、防尘等护具
4	听力护具	长期在 90 分贝（A）以上或短时在 115 分贝（A）以上环境中作业时应使用听力护具。听力护具有耳塞、耳罩和帽盔三类；听力保护系列产品有低压发泡型带线耳塞、宝塔型带线耳塞、圣诞树型耳塞、经济型挂安全帽式耳罩、轻质耳罩、防护耳罩
5	防护鞋	用于保护足部不受伤害，主要有防砸鞋、绝缘鞋、防静电鞋、耐酸碱鞋、耐油鞋、防滑鞋等
6	防护手套	用于手部保护，主要有耐酸碱手套、电工绝缘手套、电焊手套、防 X 射线手套、石棉手套等
7	防护服	保护作业人员不受环境中物理、化学因素的伤害。防护服可分为特殊防护服和一般作业服两类
8	防坠落护具	用于防止坠落事故发生，主要有安全带、安全绳和安全网
9	护肤用品	用于外露皮肤的保护，主要有护肤膏和洗涤剂
10	面罩、面屏	用于脸部的保护，有防护面罩、防护头盔等

···›

三、做好交接班管理

在倒班作业中，员工应做好交接班工作。上一班班组长应将班中的生产情况、设备状况、安全隐患等信息准确传达给下一班班组长，以便减少下一班班组的操作失误。

1. 交接班的内容

交接班的主要内容包括：

（1）上一班的简要生产情况及下一班应该注意的问题。

（2）作业现场的环境情况。

（3）设备运行情况及需要特别注意的问题。

（4）工具及物品的使用情况。

（5）上一班的遗留问题等。

2. 交接班要求

（1）交接班时间通常为 15 分钟，接班人员应提前 10 分钟到岗。

（2）交班人与接班人应面对面交接，确保信息准确传递。

（3）对生产指标、设备运行情况、异常情况、注意事项详细记录并签字确认。

（4）交接双方共同清点工具、防护装备，确保数据无误。

（5）存在图 7-6 所示情况，不可交接班。

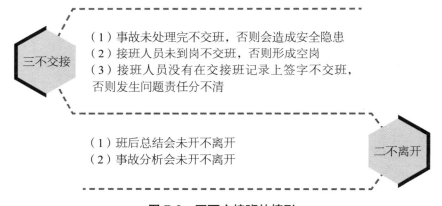

三不交接
（1）事故未处理完不交班，否则会造成安全隐患
（2）接班人员未到岗不交班，否则形成空岗
（3）接班人员没有在交接班记录上签字不交班，
　　 否则发生问题责任分不清

（1）班后总结会未开不离开
（2）事故分析会未开不离开
二不离开

图 7-6　不可交接班的情形

3. 交接班记录

交接班时双方班组长应在交接班记录本上进行签名确认。交接班记录可以设计成表格的形式，并涵盖以下内容。

（1）生产完成情况。

（2）设备运行情况（包括故障及排除情况）。

（3）安全隐患及可能造成的后果。

（4）其他应注意的事项等。

表 7-2 所示是某企业班组现场安全管理及隐患排查交接班表。

表 7-2　班组现场安全管理及隐患排查交接班表

班组：　　　　　　　　　　交班时间：　　年　月　日　时　分
交班人员：　　　　　　　　接班人员：

序号	排查内容	排查结果		当班处置情况	备注
		是	否		
1	设备设施、工具、附件是否有缺陷				
2	设备设施安全防护装置是否良好				
3	设备运行技术参数是否符合标准				
4	作业人员是否按规定佩戴劳动防护用品				
5	作业人员是否按操作规程作业				
6	安全通道、警示标志、消防设施、危险物品等是否符合要求				
7	是否存在违章指挥、违章作业、违反劳动纪律等情况				
8	应急措施是否落实				
9	其他				

第八章

班组成本控制

第一节　成本控制要求

班组是生产企业的基本单元。班组的费用支出占企业生产费用的90%以上，因此，企业要想控制成本，降低费用支出，就应从班组做起。

一、树立班组成本意识

为实现成本最小化的目标，全面成本管理势在必行，即在企业上下、全员之中、生产全程实施成本管理，确保人人参与。班组的各类消耗、维修及返工等费用，均应纳入成本管理体系。班组长应激发班组全员的主动性与积极性，使他们积极参与成本管控，自发寻求降低成本的途径，与企业在降低成本目标上保持一致，力求使用最低的成本推动生产高效运行。

班组长应在班组中营造成本节约的氛围，不断强调成本控制的重要性，将成本控制理念融入班组的日常管理和经营活动中。同时，可以通过举办成本节约活动、表彰成本控制先进个人等方式，激发班组成员的参与热情和创新能力，推动班组成员更好地完成成本控制目标。鼓励班组成员从自身做起，从岗位做起，从小事做起，节约一张纸、一滴水、一度电，精打细算减少消耗，树立节俭意识，与企业同舟共济，共同应对挑战。

二、明确班组成本构成

要想控制班组的成本，首先需要了解班组成本的构成。

企业为生产一定种类、一定数量的产品而发生的生产费用支出的总和构成了产品生产成本。而班组消耗的人力、物力、财力均是班组成本的组成部分，具体如图8-1所示。

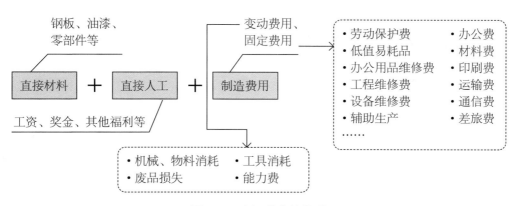

图 8-1　班组成本的构成

三、制定班组成本控制目标

班组长应根据实际情况，为班组制定具体的成本控制目标。这些目标应具有可衡量性、可实现性和挑战性，能够激发班组成员的积极性和创造力。同时，班组长还应定期对成本控制目标的完成情况进行评估，广泛收集班组成员的意见与建议，及时发现并解决成本控制过程中存在的问题，确保成本控制工作顺利进行。

四、完善班组成本管理台账

完善班组成本管理台账是提升班组成本管理能力、实现成本控制目标的重要途径。

1.台账类型

班组成本管理台账应涵盖多个方面，包括但不限于原材料消耗台账、能源消耗台账、设备维修费用台账、人工成本台账等。根据班组实际情况，还可以设置废品台账、工具台账等。为确保台账管理的规范性与高效性，班组长应统一各台账的格式与内容，明确记录的要求标准，同时，为每个台账分配唯一的编号，便于快速检索与查阅。

2.台账管理

班组长应指定专人负责台账的填写、整理、归档等工作，以确保台账的准确性和完整性。同时定期审核台账，及时发现并纠正记录差错，确保台账信息的质量，同时做好保密工作，以防台账中的敏感信息遭到泄露，给企业带来风险和损失。

3.台账应用

班组长应充分利用台账数据进行成本分析，找出成本控制的关键点和薄弱环节，发现成本结构中的异常点与浪费点，制定有效的成本控制措施，消除不必要的开支、优化资源配置、提升生产效率及改善作业流程，确保成本控制既精准又高效。

五、建立班组成本控制考核机制

1.激励与约束机制

激励与约束机制在企业管理和成本控制中发挥着至关重要的作用，班组长通过正向激励和负向约束相结合的方式，可大大激发员工降低成本的积极性和创造力。

奖励机制：对成本控制成效显著的班组和个人给予物质奖励（如奖金、奖品）、精神奖励（如荣誉证书、表彰大会）或职业发展机会（如晋升机会、培训机会）等。

惩罚措施：对未达到成本控制目标的班组，视情况采取警告、扣罚奖金、限制资源使用等措施，同时提供必要的指导，帮助其尽快达到标准。

2.持续优化与改进

班组长应定期对成本控制考核机制进行评估，广泛收集班组成员的意见，结合班组实际情况和市场环境变化，不断优化考核流程与指标，完善考核机制，提高班组成本控制效果。同时开展成本控制经验交流会，分享成功案例与失败教训，促进班组成员相互学习与提升，共同推动班组乃至整个企业的成本控制工作。

第二节　成本控制措施

班组长应采取有效的控制措施，降低班组成本，提高班组工作效率。

一、降低物料成本

1.提高物料利用率

（1）通过优化取料和下料的方式，可以减少材料浪费，提高材料利用率。采用合理的排料方法，能够确保材料在加工过程中得到有效利用，减少边角料的产生。

（2）将生产过程中产生的余料和边角料进行回收和再利用，可以进一步降低材料成本。例如，将边角料用于其他产品的生产或作为填充材料使用。

（3）建立完善的管理制度和流程，可以有效控制材料的采购、存储和使用，确保材料及时供应，减少库存积压。

（4）提高加工过程的准确度，可以减少因加工错误而产生的废料和次品，从而降低材料成本。

2.降低材料价格

（1）根据企业的生产计划和需求，制定合理的采购计划，避免因过量采购导致库存积压和资金占用。同时，与供应商建立良好的合作关系，争取到更优惠的采购价格。

（2）寻找多家供应商并进行价格比较，可以找到性价比更高的材料来源。同时，采用多元化采购，也可以降低供应链中断的风险。

（3）与供应商签订长期合同，可以锁定材料价格，降低市场价格波动带来的风险。此外，长期合作还可以加强双方的合作和信任，进一步降低采购成本。

3.技术创新和工艺改进

（1）随着科技的发展，新的材料不断涌现。新材料具有成本更低、性能更好或更环保等特点，企业可以关注新材料的发展动态，尝试用新材料来替代传统材料。

（2）改进生产工艺和作业流程，可以使生产更加顺畅，减少不必要的材料消耗和工时浪费，提高生产效率和质量。

二、降低人工成本

1.优化人力资源配置

（1）精简人员：根据业务需求和岗位特点，对人员进行精简和优化，确保每个岗位的人员配置都是合理且必要的，避免因人设岗、因关系设岗等不合理现象发生。同时，合理安排员工的工作岗位和工作任务，确保工作负荷均衡，避免出现人员闲置或过度劳累的情况。

（2）灵活用工：在不影响生产进度和产品质量的前提下，采用劳务派遣、临时工、兼职工等灵活用工方式，根据业务波动和实际需求调整人员配置，有助于降低固定人工成本，提高人力资源利用率。

（3）人力资源外包：将一些非核心业务或重复性高的工作外包给专业的公司，可以减少班组人力资源投入。

2.提高员工效率

（1）定期对员工进行培训，提高员工的业务水平，可以减少工作失误和返工，达到降低人工成本的目的。

（2）对现有工作流程进行梳理和优化，消除不必要的环节和冗余工作，可以减少人员投入和工作时间，从而降低人工成本。

（3）建立合理的激励机制，如绩效奖金、股权激励等，可以激发员工的工作积极性，促使员工更加努力地工作，从而提高工作效率、降低成本。

三、降低工具损耗

1.正确选择与使用工具

根据加工材料、工艺要求和设备条件，选择合适的工具类型、规格和材质，以减少因不匹配而产生的损耗。严格按照工具的使用说明和操作规程进行操作，不要超负荷使用工具，防止因过度磨损而造成工具损坏。

2.加强工具维护与管理

定期对工具进行清洁、润滑和检查，确保工具处于良好的工作状态。及时更换磨损严重的工具，防止导致更大的损耗。同时，建立完善的工具管理制度，包括工具采购、验收、使用、保养、维修和报废等内容，确保工具得到合理使用和有效维护。除此之外，还应加强对操作人员的培训，使操作人员熟悉工具的结构、性能、使用方法以及操作规程和注意事项。

四、降低能源消耗

1.能源管理要求

班组长应指定专人负责水、电、气等能源设备的管理，确保无工作需求时能源设备保持关闭状态，以减少不必要的消耗。同时开展定期或不定期检查，对未执行班组能源管理要求的员工，给予批评指正，以强化员工节能意识，避免能源浪费。

2.节能措施

（1）在停产、休息及就餐等非工作时间，及时关闭各类能源设备（除非工艺规定不能关闭）。

（2）对电源开关进行标记，避免因误操作导致的能源浪费。

（3）设定合理的空调温度指标和工作时段，避免过度制冷或制热。

（4）张贴节约用水、用电等提示信息，提高员工的节能意识。

（5）能源设备（如照明设施、空调）损坏时，应及时修理，以减少因设备故障导致的能源浪费。

（6）优化工艺参数，实现能源的高效利用。

（7）积极探索并应用新技术、新方法，降低能源消耗，提升能源利用效率等。